跨国并购中的组织学习效应研究

Research on Organizational Learning Effect in Cross-border Mergers and Acquisitions

张 娟 ◎ 著

图书在版编目（CIP）数据

跨国并购中的组织学习效应研究/张娟著. —北京：经济管理出版社，2019.11
ISBN 978 – 7 – 5096 – 5584 – 9

Ⅰ.①跨… Ⅱ.①张… Ⅲ.①企业—跨国兼并—研究—中国 Ⅳ.①F279.247

中国版本图书馆 CIP 数据核字（2019）第 258902 号

组稿编辑：申桂萍
责任编辑：申桂萍 宋 佳
责任印制：黄章平
责任校对：陈 颖

出版发行：经济管理出版社
　　　　　（北京市海淀区北蜂窝 8 号中雅大厦 A 座 11 层　100038）
网　　址：www.E – mp.com.cn
电　　话：（010）51915602
印　　刷：三河市延风印装有限公司
经　　销：新华书店
开　　本：720mm × 1000mm/16
印　　张：12
字　　数：215 千字
版　　次：2019 年 11 月第 1 版　2019 年 11 月第 1 次印刷
书　　号：ISBN 978 – 7 – 5096 – 5584 – 9
定　　价：58.00 元

·版权所有　翻印必究·
凡购本社图书，如有印装错误，由本社读者服务部负责调换。
联系地址：北京阜外月坛北小街 2 号
电话：（010）68022974　邮编：100836

前　言

根据 2006~2018 年联合国贸发委的《世界投资报告》的统计结果，中国企业的跨国并购金额由 2006 年的 120.9 亿美元增加到了 2017 年的 694 亿美元，十年的时间增长了近四倍。但与中国企业跨国并购飞速增长不对等的是跨国并购的成功率却持续走低。根据全球著名的汤姆森金融公司（Thomson Financial）的跨国并购数据库（SDC）提供的数据测算，从宣布并购意向到并购完成的过程中，全球有 30% 跨国并购意向未能实现，而中国企业的海外并购则有 49% 的交易未能达成，高达一半的并购意向未能实现。中国企业跨国并购的失败主要表现在两个阶段，一个阶段为并购前的竞购过程，另一个阶段为并购后的整合过程。无论哪个阶段，由于跨国并购本身的特征，并购企业面对不熟悉的语言、文化、法律、制度等问题，都增加了并购失败的可能性。要想成功地解决跨国并购中的这些问题，企业需要掌握跨国并购的知识以及处理每一次并购事件的能力，这些都需要企业去学习。学习包含了从单个的事件中吸收知识然后转换这些知识到未来的活动中，企业从前期行为中学习的知识可以称为经验。

发达国家的跨国并购已经有一个世纪的历史，积累了丰富的跨国并购经验，企业在跨国并购过程中可以通过前期行为积累的经验来影响企业的跨国并购决策，提高跨国并购绩效。但与西方不同，我国的跨国并购才刚刚起步，一方面企业还没有积累足够的经验；另一方面，企业在应用组织经验的时候也存在种种问题。因此，在此背景下，本书从组织学习的视角来探讨影响中国企业的跨国并购行为的因素，探析企业在前期何种行为中吸收的经验能够影响其后续的跨国并购行为，对这些问题进行探析，有利于我们更深入的分析中国企业跨国并购行为，为企业后续的跨国并购决策提供依据，提升中国企业跨国并购的绩效。

本书的研究遵循从"一般"到"具体"的思路。本书首先对对外直接投资、跨国并购、组织学习、经验学习、模仿学习的基础理论进行阐述，探析了影响跨国并购决策和跨国并购绩效的具体因素（见第二、第三章）。本书从理论和实证两个角度对跨国并购过程中组织学习影响的文献进行了深入分析，采用元分析方式对相关文献进行了系统梳理，从企业自身经验和外部学习经验两个角度探析了组织学习对跨国并购决策和绩效影响的研究现状，为本书打下了坚实的研究基础（见第四、第五章）。改革开放以后，我国企业的跨国并购受国家政策影响，逐步从严格管控走向政策推动，在这个过程中，跨国并购的国家、区域、行业都有明显变化，本书第六章对此进行了阐述。根据组织学习理论，组织对知识的学习主要通过两种方式来实现：自身经验的传承与外部学习的观察和模仿。本书研究的影响跨国并购行为的自身经验包括国内并购经验、跨国并购经验和国际合资经验，外部学习的经验包括同行业的经验和同区域的经验，通过对1997～2015年我国企业跨国并购案例进行实证研究，探析何种经验更能推动企业做出跨国并购决策和提升跨国并购绩效（见第七、第八章）。本书对我国汽车企业"走出去"的发展历程进行深入分析，选择北汽、上汽和吉利实施对外直接投资的电信案例进行深入探析，总结中国汽车行业跨国并购过程中的组织学习效应的得失，验证组织学习是否推动了企业的跨国并购（见第九章）。

　　组织学习在跨国并购过程中的作用是一个动态变化的课题，随着我国企业跨国并购案例的增多，无论是企业自身积累的经验还是从外部学习的经验，都会对企业的后续跨国并购行为产生影响，本书不可能将二者之间所涉及的内容全部概括进来，还需要后续进一步深入研究。

目 录

第一章 绪论 ……………………………………………………………… 1
    第一节 研究背景 ………………………………………………… 1
    第二节 研究意义 ………………………………………………… 4
    第三节 研究内容及框架 ………………………………………… 6
    第四节 研究方法 ………………………………………………… 9
    第五节 研究创新 ………………………………………………… 9

第二章 跨国并购的相关理论研究 ……………………………………… 11
    第一节 跨国并购的基础理论 …………………………………… 11
    第二节 跨国并购决策的影响因素研究 ………………………… 19
    第三节 跨国并购绩效的影响因素研究 ………………………… 21

第三章 组织学习的相关理论研究 ……………………………………… 27
    第一节 组织学习的基础理论 …………………………………… 27
    第二节 经验学习理论 …………………………………………… 32
    第三节 模仿学习理论 …………………………………………… 34

第四章 文献综述 ………………………………………………………… 37
    第一节 企业自身经验对跨国并购决策的影响 ………………… 37
    第二节 并购经验对并购绩效的影响 …………………………… 39
    第三节 企业自身经验对跨国并购绩效的影响 ………………… 48
    第四节 企业外部学习经验对跨国并购行为的影响 …………… 52

第五节 组织经验转移中文化距离的作用分析 ·············· 54

第六节 本章小结 ·············· 55

第五章 基于元分析的跨国并购过程中组织学习效应研究 ·············· 57

第一节 研究框架和研究假设 ·············· 58

第二节 研究方法和变量编码 ·············· 64

第三节 Meta 回归结果分析 ·············· 67

第四节 研究结论与不足 ·············· 73

第六章 我国企业跨国并购的动态分析 ·············· 75

第一节 我国企业跨国并购的发展历程 ·············· 75

第二节 我国企业跨国并购的区域变化历程 ·············· 82

第三节 我国企业跨国并购的行业分布 ·············· 87

第四节 跨国并购在我国对外直接投资中的地位分析 ·············· 91

第五节 我国企业跨国并购的特点及对策分析 ·············· 93

第七章 组织经验、文化距离和跨国并购决策 ·············· 99

第一节 研究假设 ·············· 100

第二节 研究设计 ·············· 105

第三节 实证结果 ·············· 110

第四节 本章小结 ·············· 118

第八章 组织经验、文化距离和跨国并购绩效 ·············· 120

第一节 研究假设 ·············· 121

第二节 研究设计 ·············· 129

第三节 实证结果 ·············· 132

第四节 本章小结 ·············· 141

第九章 跨国并购中组织学习效应的案例分析 ·············· 143

第一节 中国汽车行业跨国并购的背景分析 ·············· 143

第二节 中国典型汽车企业跨国并购的历程分析 ·············· 148

第三节 中国汽车行业跨国并购过程中的组织学习效应研究 ·············· 154

第十章 研究结论、局限和展望 ························· 155

 第一节 研究结论 ···································· 155

 第二节 研究的主要贡献 ···························· 158

 第三节 对企业管理实践的启示 ····················· 160

 第四节 研究局限与展望 ···························· 161

参考文献 ·· 162

第一章 绪论

第一节 研究背景

在全球一体化的时代，企业谋求通过跨国扩张来实现企业的发展，对外直接投资（FDI）成为对企业和国家来说具有重要意义的经济活动。对外直接投资的方式包括绿地投资和跨国并购等。从西方发达国家跨国公司国际扩张的实践活动中可以看到，在企业对外投资初期，相对于绿地投资，企业更倾向于选择跨国并购，因为跨国并购更容易满足东道国市场的需求，增加产品在东道国的市场占有率，从而实现规模效益。

改革开放以后，中国企业也开始走向世界，但中国企业跨国并购真正的热潮发生在1999年以后，中国政府提出了"走出去"战略，政府提供支持，鼓励本土企业走向国际市场，中国企业跨国并购数量和交易额增长迅速。著名的创业投资与私募股权研究机构——清科研究中心的数据表明，2006~2015年，中国企业完成的跨国并购数量和成交额都出现成倍增长，如图1-1所示，跨国并购完成数量由2006年的20件增加到2015年的222件，增长了10倍。2015年，中国跨国并购市场再创新高，活跃度与规模量双双突破历史记录。2015年，中国企业跨国并购共222个案例，同比涨幅达46.1%，披露金额的184起案例共涉及金额1936.99亿元，较上年微降2.8%。

从1978年改革开放以来，中国企业的跨国并购范围不断扩张，从国有企业到民营企业，从能源资源到高新技术，从传统行业到金融行业等，跨国并购繁荣发展的同时，也暴露了种种问题。中国企业的海外并购有两个典型特点，分别为跨国并购失败率较高和区域分布比较集中。

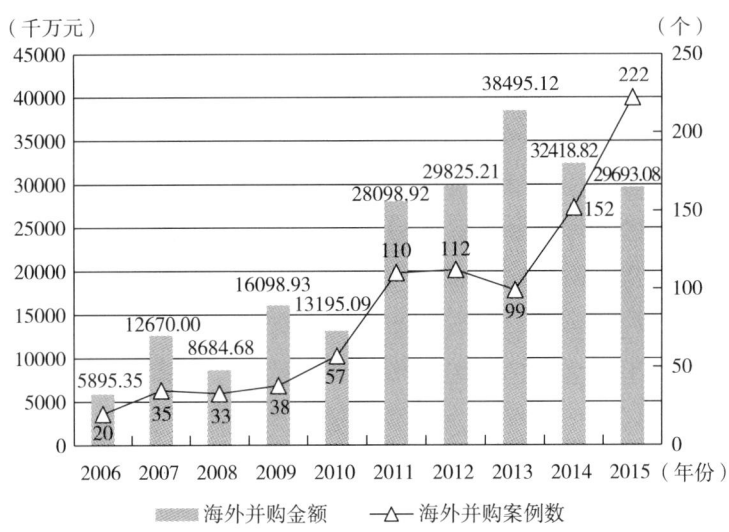

图 1-1　2006~2015 年中国企业海外并购变化趋势

资料来源：清科研究中心 2016 年度中国市场并购研究报告。

根据全球著名的汤姆森金融公司（Thomson Financial）的跨国并购数据库（SDC）提供的数据测算，从宣布并购意向到并购完成的过程中，全球有 30% 跨国并购意向未能实现，而中国企业的海外并购中有 49% 的交易未能达成，将近一半的并购意向未能实现。除此之外，中国的海外并购在整合阶段也出现种种问题，文化不融合导致企业跨国并购整合失败的案例比比皆是，引发学者的思考：为什么中国跨国并购有如此高的失败率？

中国企业跨国并购的失败主要表现在两个阶段：一个阶段为并购前的竞购过程，另一个阶段为并购后的整合过程。无论哪个阶段，由于跨国并购本身的特征，并购企业面对不熟悉的语言、文化、法律、制度等问题，都增加了并购失败的可能性。要想成功地解决跨国并购中的这些问题，企业需要掌握跨国并购的知识以及处理每一次并购事件的能力，这些都需要企业去学习。学习包含了从单个的事件中吸收知识然后转移这些知识到未来的活动中，企业从前期行为中学习的知识可以称为经验。发达国家的跨国并购已经有一个世纪的历史，积累了丰富的跨国并购经验，企业在跨国并购过程中可以通过前期行为积累的经验来影响企业跨国并购的决策，同时提高跨国并购绩效。但与西方不同，我国的跨国并购才刚刚起步,一方面,企业还没有积累足够的经验;另一方面,企业在应用组织经验时也存在种种问题,比如:企业的哪些国际化行为会对企业的跨国并购行为产生影响?企业仅仅依靠自身行为积累的经验是否足以解决跨国并购中出现的问题?什么因素影响了企业在实施跨国并购过程中的经验转移?

中国企业海外并购的另一个特点是海外并购的区域分布比较集中。根据《2014年度中国对外直接投资统计公报》的统计分析,中国对外直接投资流量各洲的构成情况为:亚洲占69%,欧洲占8.8%,拉丁美洲和北美洲分别为8.6%和7.5%,其次大洋洲占3.5%,非洲占2.6%,可以看出中国企业的对外直接投资区域集中非常明显。海外并购的区域分布也呈现集中趋势,但具体的区域分布和对外直接投资存在差异。

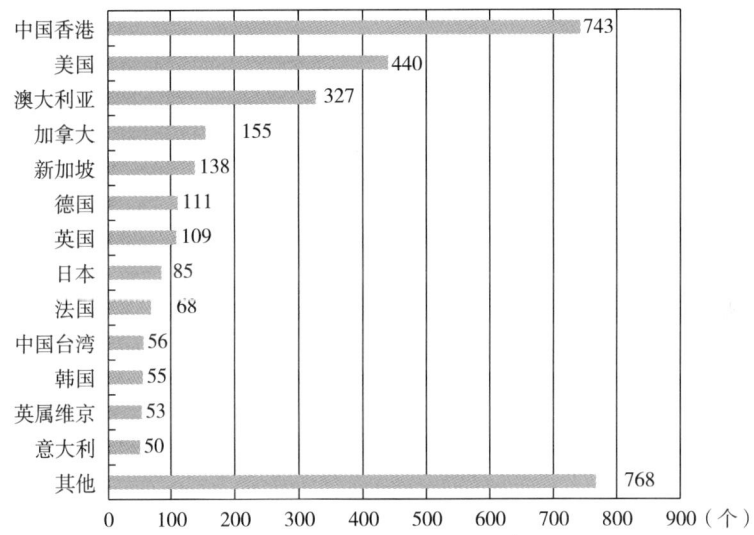

图1-2 2000~2015年中国企业海外并购的国家/地区分布情况①

资料来源:笔者根据Zephyr跨国并购数据库整理所得。

如图1-2所示,2000~2015年,中国企业跨境并购数目最多的地区为中国香港,最多的国家为美国,其他依次为澳大利亚、加拿大、新加坡等。除去中国香港,美国和加拿大的并购次数占到了总数的18.8%,如果别除中国企业在中国

---

① 其他表示并购次数低于50次的其余106个国家海外并购的总数目,其中最多的国家为巴西,次数为39次。

香港的跨境并购,北美洲超过亚洲成为海外并购最为集中的区域。由此可以看出,中国企业的海外并购非常集中且多集中于发达国家。中国企业海外并购如此集中的背后原因是什么?除了考虑资源和技术原因以外,中国企业在海外并购过程中是否也存在相互模仿的行为,即企业模仿别的企业跨国并购的行为来做出自己的战略决策。

在此背景下,本书从组织学习理论的视角来探讨中国企业的跨国并购行为,研究在企业前期的何种行为中吸收的经验能够影响其后续的跨国并购行为?企业在跨国并购过程中能否从企业外部吸收经验,这种经验对企业后续的跨国并购行为有无影响?无论是企业自身的经验还是从外部学习的经验,在不同并购事件的转移过程中,什么因素会对经验的转移产生影响?对这些问题进行探析,将有利于我们更深入地分析中国企业跨国并购行为,为企业后续的跨国并购决策提供依据,提升中国企业跨国并购的绩效。

第二节 研究意义

组织学习理论通常应用于企业的生产制造领域,目前,将组织学习理论与并购联系起来的研究仍处于不成熟的阶段。组织学习理论认为,组织在某个战略领域内或者从事某类型战略行为的经验越丰富,他们越可能重复这种行为(Shaver 等,1997;Amburgey 和 Miner,1992;王永伟等,2012)。国际投资领域的相关研究表明,经验对企业的国际化行为有重要影响(Chan 等,2006;Casillas 和 Moreno - Menéndez,2014;Jiang 等,2014)。企业从以往的行为中获取经验,同时吸收并储存在组织记忆中,在潜移默化中逐步形成制度化的惯例,影响企业后续的决策,前期积累的经验减少了在搜索和选择目标企业、寻求外部资源支持、确定最优的整合水平、凝聚团队力量等并购管理过程各环节中所花费的时间,提高并购的成功率(Dikova 等,2010);同时,丰富的组织经验使企业有机会改进和精炼已有的并购惯例,培育出更强的并购能力,并将它们运用于下一次并购,提高并购成功率(Collins 等,2009)。因此,对企业跨国并购过程中组织经验的影响进行研究具有重要的理论意义和实践意义。

一、理论意义

首先,本书对组织学习理论在并购领域的应用进行深入探索,从知识来源的角度对前期的组织经验进行分类,探析不同类型的组织经验对企业跨国并购行为的影响,进一步深入挖掘跨国并购过程中组织学习的内在机制,有望丰富组织学习理论和经验学习理论的相关研究。

其次,研究并购中经验学习效应对绩效的影响,有望对并购绩效的归因理论进行丰富。传统的并购绩效理论通常把并购绩效归因于两大因素,包括并购交易的特征(如行业相关度、支付方式)和目标公司的特点。而本书的研究将从组织学习视角对并购绩效的影响因素进行分析,从知识的来源和知识传递的角度来探讨知识来源不同的并购企业的组织经验对并购绩效的影响。

最后,能够丰富以新兴国家为背景的跨国并购的相关理论研究。新兴国家跨国公司(EMNC)跨国并购的数量和金额在近10年来飞速增长,学者对新兴国家跨国公司的跨国并购进行理论与实证研究,检验传统的跨国并购理论是否适用于新兴国家跨国并购的实践。学者对发达国家并购经验和并购绩效的研究比较深入,探讨不同类型和不同背景的经验对绩效的影响,但这种理论是否适用于发展中国家的跨国并购还有待验证。本书以中国企业的跨国并购案例为样本进行实证检验,完善了新兴国家组织经验和跨国并购的相关理论研究。

二、现实意义

中国政府实施"走出去"战略以来,中国企业走出国门进行跨国并购的热情高涨,从国有企业到民营企业,从大型企业到中小企业,都开始实施适合企业发展战略的跨国并购计划,跨国并购给予企业一个新的战略机遇和市场机会。企业若想通过跨国并购行为来调整内外部资源,塑造新的经营模式,需要不断地学习适合其发展需要的并购知识,掌握实施并购行为的技能(Hitt 等,2001;Haleblian 等,2006)。在这个过程中,通过学习并购知识,实施并购行为从而积累经验,影响企业后续的并购行为(Zollo 和 Singh,2004;Peng 和 Fang,2010;Alessandri 等,2014;汝毅和吕萍,2014;王宛秋和刘璐琳,2015;陈晓芳和魏景赋,2015;范黎波等,2016),对企业跨国并购过程中组织的学习效应进行研究具有重要的现实意义。

第一,对提升并购企业管理层的并购能力有重要影响。随着我国资本市场的发展和完善,我国上市公司的并购活动越来越频繁。对于管理层来说,并购是实现长远战略目标的手段和方法,并且越来越多地被企业作为战略手段来达到企业的经营目标。组织经验对并购绩效有显著影响,但如何合理地运用前期学到的经验,要考虑组织经验的类型和跨国并购发生的背景。本书从这个角度出发,探讨并购企业如何合理运用前期不同类型的组织经验来做出跨国并购决策,从而提升跨国并购成功率。

第二,探析中国企业跨国并购行业和区域分布趋于集中背后的原因,从组织学习的角度探讨影响企业跨国并购战略选择的因素。不同于国际直接投资多集中于亚洲,中国企业的跨国并购多集中于欧美发达国家。根据汤姆森金融并购数据库的统计分析结果,1982~2015年,中国企业跨国并购的数目和金额在各大洲的排序从高到低依次为:亚洲、北美洲、欧洲、大洋洲、南美洲和非洲。亚洲之所以在我国跨国并购中排名第一,是因为统计时将中国香港的并购单独统计。香港地区作为我国的一个特区,与国内经济政治联系紧密,如果将中国香港地区的数据排除,北美洲超过了亚洲,成为我国跨国并购的首选目的地,我国在北美洲、欧洲和大洋洲的并购金额累积达到总金额的62.59%,并购数目累积达到总数目的67.37%。我国跨国并购的行业集中度也比较强,我国企业实施的跨国并购多集中于制造业、服务业和金融矿产开采业以及油气开采业,其中制造业的并购次数最多,约占总并购数目的近1/3。海外并购行业和区域集中的部分原因在于企业的外部学习,模仿同行业和同区域企业的跨国并购行为,本书对此展开分析,通过企业外部学习的经验对企业跨国并购决策和绩效的影响,来探索企业的这种模仿行为的利弊,对企业后续的战略决策提供支持。

第三节 研究内容及框架

一、研究内容

本书主要根据组织学习理论和经验学习理论,聚焦中国企业的跨国并购行为,分析不同类型的组织经验在中国企业跨国并购中发挥的作用,并探讨了组织经验转移过程中文化距离的调节作用。为了深入分析组织自身经验和外部学习经验对企业跨国并购行为的影响,本书在对以往文献分析的基础上,构建理论模型,提出假设,并依据中国企业的跨国并购样本进行实证分析,检验提出的假设是否成立，形成本书的结论。本书共分为十章研究内容。

第一章是绪论。本章提出了组织经验对企业跨国并购行为影响的选题背景和研究意义，阐述了本书的主要研究内容和研究思路，对本书的研究方法和研究创新点进行了介绍。

第二章是跨国并购的相关理论研究。本章首先分析了跨国并购的基础理论，包括对外直接投资理论和跨国并购基础理论，然后分析了影响跨国并购决策的具体因素，最后从并购交易前、中、后三个阶段分析了影响跨国并购绩效的因素。

第三章是组织学习的相关理论研究。本章阐述了本研究相关的基本理论，组织经验相关的理论包括组织学习理论、经验学习理论、行为学习理论，同时对跨国并购的定义、跨国并购的不同阶段以及跨国并购绩效的度量进行了分析。

第四章是文献综述。本章首先梳理了组织经验对跨国并购决策的影响，其次分析了并购经验对并购绩效的影响，然后分别分析了企业自身经验和企业外部学习经验对跨国并购行为的影响，最后分析了文化距离在组织经验转移中所发挥的作用。

第五章是基于元分析的跨国并购过程中组织学习效应研究。本章采用 Meta 分析方法，以 55 篇相关研究文献为样本，从样本层面、变量层面、方法层面和文献层面四个角度分析影响并购经验和并购绩效之间关系状态的因素。

第六章是我国企业跨国并购的动态分析。本章首先从政府政策影响的角度将我国企业的跨国并购发展历程分为严格管控阶段、政策不稳定阶段、"走出去"战略推动阶段、国家政策逐渐完善阶段和"一带一路"倡议推动阶段。在此基础上，分别从动态上分析了我国企业跨国并购的国家分布、区域分布以及行业分布的变化特征，最后用数据展示了跨国并购在我国对外直接投资中的重要地位。

第七章是组织经验、文化距离与跨国并购决策。本章选取 1997～2015 年中国企业跨国并购的数据作为样本，采用 Cox 比例分析模型，分别分析了国内并购经验、跨国并购经验、国际合资经验、同行业成功的经验和同行业失败的经验对企业是否做出跨国并购决策的影响，同时分析了文化距离对组织经验和跨国并购决策之间关系的调节作用。

第八章是组织经验、文化距离与跨国并购绩效。本章以 1997～2015 年中国企业上市公司成功的跨国并购数据为样本，采用 OLS 回归分析模型，分析不同类型的组织经验对跨国并购绩效的影响，同时也探讨了文化距离在组织经验和并购绩效之间的调节作用。

第九章是跨国并购中组织学习效应的案例分析。本章首先分析了中国汽车行业跨国并购的发展背景,选择上汽、吉利、北汽三家典型企业的典型跨国并购案例进行分析,探析汽车行业跨国并购过程中的组织学习效应。

第十章是研究结论、局限和展望。本章对全书的研究结论进行分析和讨论,总结本书的创新点,提出本书研究的局限性以及展望未来可研究的方向。

二、研究框架

本书的研究对象是我国跨国公司的跨国并购行为,从企业跨国并购的不同阶段出发,分析不同类型的组织经验对企业跨国并购行为的影响,研究框架如图1-3所示。

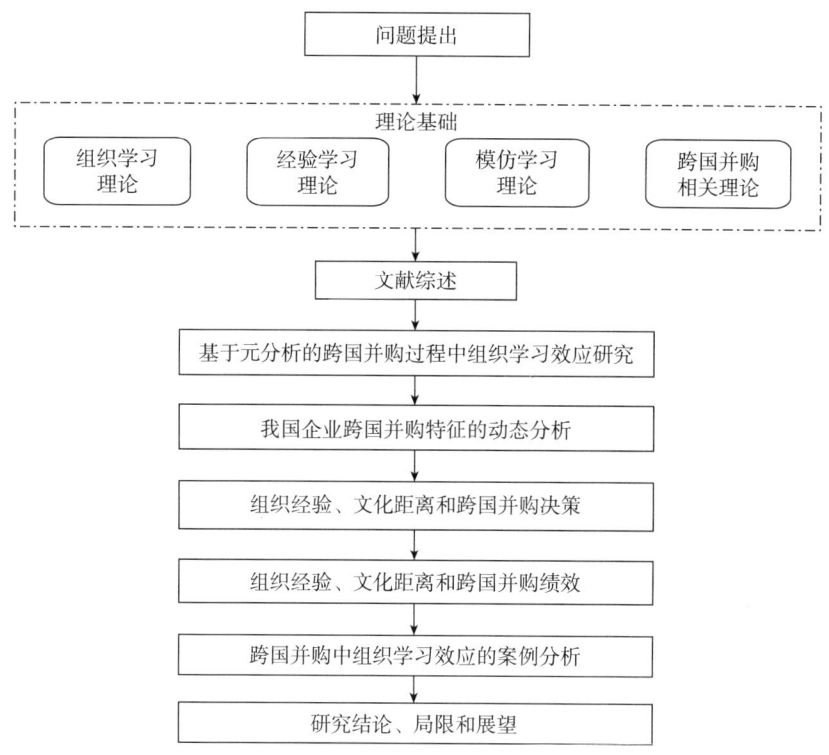

图1-3 研究框架

第四节 研究方法

第一,文献分析法。文献分析法是研究初期主要使用的研究方法。检索和分析与研究主题相关的文献,了解相关领域的国内外发展现状,借鉴国内外学者在相关理论方面的研究成果以及采用的方法,从而形成本书的研究思路、概念模型以及研究假设。

第二,Cox 比例风险模型。本研究采用 Cox 比例风险模型来估计组织经验、文化距离对跨国并购决策的影响。Cox 比例风险模型最初应用于医学领域,近年来逐渐在经济、金融领域中得到广泛应用。因变量为企业是否做出跨国并购决策,时间间隔为企业实施和落实的跨国并购之间的时间间隔,分析组织经验、文化距离对跨国并购决策的影响。

第三,多元线性回归分析方法。采用多元线性回归分析的方法对组织经验、文化距离与跨国并购绩效之间的关系进行实证研究。多元线性回归分析可以准确地计量各个因素之间的相关程度与回归拟合程度的高低,提高预测方程式的效果。

第五节 研究创新

本书的创新点主要体现在以下四个方面:

第一,探讨不同类型的组织经验对跨国并购决策和跨国并购绩效的影响。前期学者从不同的角度对跨国并购经验进行分类,按照经验是否成功、经验是否相似等划分。本书从知识来源的角度,根据经验学习和行为学习的基础理论,将组织经验分为企业自身经验和外部学习经验。企业自身经验具体化包括国内并购经验、跨国并购经验、国际合资经验;外部学习经验包括从同行业企业和同区域企业模仿学习所积累的经验,分析这些不同类型的经验对并购决策和并购绩效的影响。

第二,以新兴国家为背景,讨论国际合资经验对跨国并购绩效的影响。根据经验溢出理论,企业的其他国际化行为如合资等积累的经验也对企业跨国并购绩效产生影响,但相关研究多以发达国家为样本,本书以发展中国家跨国公司的跨国并购为样本,分析国际合资经验对跨国并购决策和跨国并购绩效的影响,丰富了经验学习理论的相关研究。

第三,国内外学者对组织经验的分类研究多是从企业自身的内部经验出发,按照不同的标准进行分类,但大量研究表明,组织外部学习的经验对企业的跨国并购行为也会产生影响,如同行业的经验和同文化区域的经验。中国企业的跨国并购在区域选择和行业选择上存在趋近性,说明中国企业在实施跨国并购中,存在从同行业和文化相似的企业中学习的可能性。前人多关注外部学习经验对跨国并购完成的影响,本书从跨国公司外部学习经验的视角,以发展中国家为研究背景,分析跨国公司的外部学习经验对跨国并购决策和跨国并购绩效的影响。

第四,跨国并购中关于经验转移的背景研究虽然较早就有学者提出(Haleblian 和 Finkelstein,1999),但对不同环境进行的深入研究才刚刚开始。关于文化背景的研究,仅有一篇以文化相似性来研究经验对跨国并购绩效的影响,而且仅限于美国的服务业,对经验的度量也比较笼统(Basuil 和 Datta,2015)。本书从知识来源的角度将组织经验分为企业自身经验和外部学习经验,并对企业自身经验和外部学习经验进行具体化分类,研究文化距离对不同类型经验和跨国并购行为之间关系的影响。

第二章 跨国并购的相关理论研究

第一节 跨国并购的基础理论

一、对外直接投资的相关研究

(一) 对外直接投资的定义及分类

对外直接投资（FDI）指的是，母国的企业或者投资者通过兼并、收购、合资等投资行为，控制东道国某个企业的生产、销售等活动的过程，有的对外直接投资行为会获得企业的所有权。国际货币基金（IMF）把对外直接投资定义为"在一个经济体中，为了在企业中获取持续利益而做出的投资行为，投资者目的是在该企业中获取话语权或影响力"。在1999年的《世界投资报告》中，联合国定义对外直接投资为"一种长期关系的投资，该投资反映了持续的利益和在一个经济体对被投资主体的控制权。"对外直接投资的典型特征为长期性，不同于组合投资的短期性和证券的高流转性，对外直接投资是企业的一种长期行为。

对外直接投资主要有三种方式：绿地投资（Greenfield Investment）、跨国并购（Cross-boarder Mergers and Acquisitions）与国际合资（International Joint Ventures）。绿地投资是某一国家的企业到另一国家建立新的生产车间，投资新的生产设备，形成新的销售网络。绿地投资能为东道国带来就业，增加东道国的产品价值，是比较受东道国欢迎的投资方式。跨国并购是指母国企业通过投资获取东道国公司的部分或全部控股权，大部分是收购而不是兼并。跨国并购一般是收购东道国经营困难或者破产的公司，获取该公司的技术信息、分销网络或者品牌等特有资源,有利于母国企业以较低的成本和较快的速度进入海外市场,提高企业在世界市场上的竞争地位。但跨国并购的政治敏感性较高,出于对本国产业和技术的保护意识,很多东道国国家都倾向于保留对国内企业的控制权。因此,很多跨国并购受到东道国国家的严格审查。对外直接投资还可以以国际合资的方式进行,通常一方提供技术经验方面的融资,另一方提供法律、管制等有价值的投入。国际合资既可以是东道国企业与政府之间的合资,也可以是企业之间的合资。

(二)并购理论

并购理论最早源于产业组织理论,该理论认为,并购行为是企业实现规模经济的重要市场行为,企业通过并购改变市场结构,实现范围经济,提升企业的竞争力。不同的学者从不同的角度对并购理论展开研究,形成了市场力量理论、交易成本理论、管理效率理论、网络化理论等产业组织理论。市场理论从产品价格等方面探讨并购的影响,企业通过实施并购能够更好地控制产品的价格、数量等,增强企业持续盈利的能力,同时加强了该产品或业务的市场进入壁垒,企业可获得超额利润。交易成本理论认为,企业的并购行为消除了企业之间的障碍,有效地降低了交易成本。管理效率理论认为,由于代理成本的原因,管理者会追求公司规模的增长来实现自己的高回报,从而经理人会极力促使企业实施并购。网络化理论认为,通过并购,企业可获取上游供应商、合作伙伴的资源,对企业的行为产生影响。

二、跨国并购的基础理论

(一)跨国并购的定义

图 2-1 是联合国贸易和发展会议(UNCTAD)在《世界投资报告 2000》中给出的跨国并购的定义,并购的英文是"Merger & Acquisition",缩写为 M&A,是兼并与收购的简称。跨国并购即跨国兼并(Cross - border Mergers)和跨国收购(Cross - border Acquisitions)的总称,跨国兼并指当地企业和外国企业资产业务合并以后,组成一家新的企业或并入一家现有的企业,通常由一家占优势的公司吸收另一家或更多的公司;跨国收购指收购一家现有的当地企业或外国子公司的一部分控股股份,即 10% 以上的股权,使东道国企业的资产和经营的控制权转移到外国企业。跨国收购可以是少数股权(10%~49%)、多数股权(50%~99%)或全额并购(100%),低于 10% 的股权收购不属于跨国收购的范围,通常称这种行为为证券投资。跨国兼并和跨国收购最大的区别在于原来的法律实体

是否还存在,跨国兼并以后,原来的法律实体消失,并入兼并方中,两个法人合成一个新的法人;而跨国收购以后,被收购方原有的法律实体在收购后仍然存在,只是产权或经营管理权的归属发生变化。据统计,1990 年以来,跨国收购占据了全球跨国并购的大部分,跨国兼并所占比例极低,因此,在实际意义上,跨国并购基本上就意味着跨国收购(UNCTAD,2000)。国内对跨国并购的研究基本都是以"并购"出现,包含兼并和收购;国外的文献对跨国并购的研究存在三种情况:跨国并购、跨国兼并、跨国收购,其中以跨国收购的文献居多,本书所指的跨国并购包括跨国收购和跨国兼并。

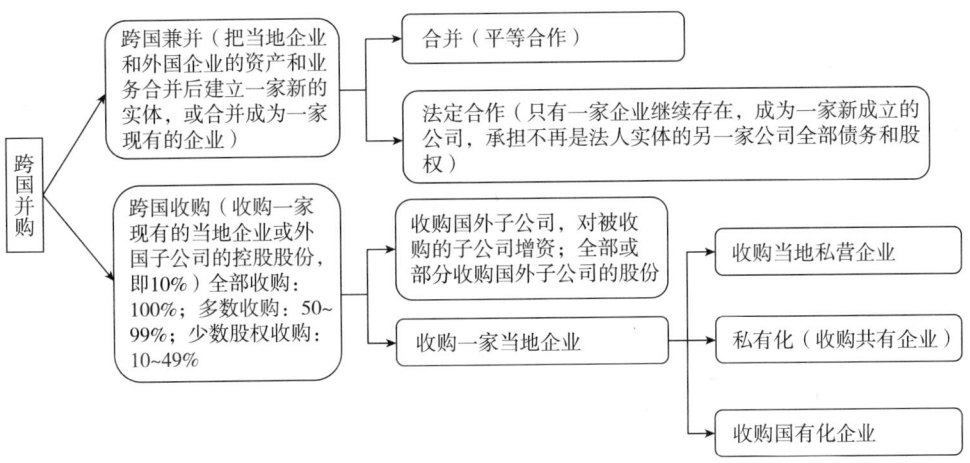

图 2-1　跨国并购的结构

(二)跨国并购的分阶段理论

跨国并购是企业对外直接投资的重要模式,具体的实施过程非常复杂,是一个动态变化的过程,很多学者强调了跨国并购过程中过程管理的重要性(Jemison 和 Sitkin,1986),从不同角度探讨了企业在实施跨国并购过程中的不同阶段。Haspeslagh 和 Jemison(1991)按收购企业在被收购企业中发挥的战略作用将收购过程分为战略依存阶段和战略独立阶段,或者称为决策制定阶段和整合阶段,二者的区别在于收购完成以后的整合效果。Boone 和 Mulherin(2007)将决策制定阶段按照并购声明是否公布分为私下接洽阶段和公开接洽阶段。Very 和 Schweiger(2001)从收购的具体行为出发,通过对企业管理者的访谈对收购过程的不同阶段进行分析。下面将主要介绍 Boone 和 Mulherin(2007)以及 Very 和

Schweiger（2001）的跨国并购分阶段理论。

1. Boone 和 Mulherin（2007）的分阶段理论

Boone 和 Mulherin（2007）通过三个事件将并购过程分为两个阶段，三个事件分别为并购启动（Private Initiation）、公开声明（Public Announcement）、并购完成（Resolution），两个阶段为私下接洽阶段（Private Takeover Process）和公开谈判阶段（Public Takeover Period），具体如图 2-2 所示。

从图 2-2 可以看出，私下接洽阶段和公开谈判阶段以并购是否发表声明为节点，分为私下接洽阶段和公开谈判阶段。Boone 和 Mulherin（2007）认为，私下接洽阶段开始于卖方雇佣中介机构或者接洽很多潜在的买者。在这个阶段，买方会考虑很多潜在的目标，同样地，卖方也会考虑很多潜在的买者。当双方初步接洽时，能够在保密的基础上获取对方的一些非公开信息，进行尽职调查，同时判断战略和组织背景是否契合，进行最初的谈判，签订初步的带有限制性条件的协议。卖方可能会与很多买方洽谈，但只能与一个买方达成最终意见，进行公开声明。公开声明以后，并购进入公开谈判阶段。这个阶段有买卖双方的谈判，这个过程一般会比私下接洽阶段要长，可能持续几个月。公开谈判阶段包括与法律法规相关的战略和管理行为、金融谈判、人员谈判以及并购后的整合，达成一致意见以后，签署正式协议，并购完成。

图 2-2　并购过程

资料来源：Boone A. L, Mulherin J. H. How are firms sold? [J]. The Journal of Finance, 2007, 62 (2): 847-875.

2. Very 和 Schweiger（2001）的跨国并购过程理论

Very 和 Schweiger（2001）认为，并购是一个动态变化的过程，实施一项完整的跨国并购包括一系列具体的行为，分别为：根据企业发展战略来确定并购战略；界定、选择和分析候选对象；与目标企业的所有者和管理者建立联系；对目标企业进行定价；设计交易结构；与目标企业谈判和并购后的整合。Very 和 Schweiger（2001）通过实地调研和对跨国公司高层管理者的访谈总结了跨国并购不同阶段会面临的问题，如表 2-1 所示。

从表2-1可以看出，并购过程中的每一步都存在许多问题，总结起来，很多问题可以归纳为并购方很难去搜集目标企业的信息以及确保这些信息的可靠性，当企业实施跨国并购时，目标企业位于一个陌生的国家，这些问题更为严重。跨国并购过程中，并购者需要尽可能多地了解目标企业的信息以及其外部环境来保证并购完成后的自身利益，降低企业的风险，而经验学习是解决此问题的最好措施，企业通过自身经验的积累和外部经验的模仿来降低跨国并购过程中信息不对称的水平，对后续的跨国并购行为产生影响。

表2-1 跨国并购不同阶段面临的问题分析

跨国并购的过程	主要问题
界定、选择和分析候选对象	• 寻找适合企业发展战略的候选企业 • 潜在的候选企业较少 • 在陌生的国家很难确认候选对象 • 无法清晰确认并购过程中需要的顾问类型
并购完成之前： 目标企业分析、 对目标企业进行定价、 设计交易结构	• 对并购战略是否符合企业需求的评估 • 财务的可靠性 • 过高估计了并购双方的协同性 • 发现伦理问题 • 对目标企业的会计规则缺乏信任 • 定价和评估困难 • 法律和税务结构对交易的影响 • 时间压力 • 交易过程中竞争对手的出现 • 交易的保密性 • 与并购相关的市场透明度 • 发现目标企业所在国家在经济或政治上的问题 • 建立第一次联系 • 监管规则 • 其他一些法律阻碍如环保等

续表

跨国并购的过程	主要问题
与目标企业谈判	• 价格谈判 • 获得条约内的客户名单 • 关于环境问题的谈判 • 关于伦理问题的谈判 • 关于员工的谈判 • 尊重反垄断法 • 知道在一些特殊国家如何谈判
并购完成之后：整合	• 处理目标企业低质量的管理体制 • 整合跨国的目标企业 • 协调不同的企业文化 • 整合不同的组织结构 • 保持市场份额 • 控制支出 • 实施复杂的过程和技术所面临的困难 • 薪酬管理（股票期权等） • 保证并购完成以后快速管理到位 • 从当地视角到集团国际化目标来总体整合管理层
整个并购过程普遍存在的问题	• 语言问题 • 沟通问题 • 时间的差异 • 国家文化、管理意识、管理实践、工作方法的差异 • 构建团队来推动整个并购过程 • 在不利条件较多的情况下保持并购过程的运行 • 对目标企业所在国家了解较少

资料来源：Very P., Schweiger D. M. The acquisition process as a learning process: Evidence from a study of critical problems and solutions in domestic and cross-border deals [J]. Journal of World Business, 2001, 36 (1): 11-31.

基于以上两种过程理论的分析，本书对企业跨国并购的研究将基于 Very 和 Schweiger（2001）的跨国并购过程理论，研究 Boone 和 Mulherin（2007）并购过程理论中并购开始前的决策阶段和完成后的绩效，探讨企业经验对跨国并购决策和并购绩效的影响。

（三）跨国并购成败的度量

对跨国并购成败进行度量非常复杂，因为跨国并购有多元化的动机。跨国并购的动机从广义上来讲可以分为两类：经济动机和管理偏好。经济动机包含实现规模经济、降低交易成本、扩大内部资本市场等，也包括降低竞争、获取额外的市场份额等。第二类动机是管理偏好，如管理者过度自信理论（Roll，1986；Aktas 等，2011）等。跨国并购的动机不同，对并购是否成功的判断标准就不一样，因此，不同学者对跨国并购成败有不同的判定方法。

学术界对并购成败的定义并没有统一意见，部分学者以并购是否完成作为并购成败的标准（Collins，2009；Dikova 等，2010；阎大颖，2011；贾镜渝和李文，2015），但这种方法仅考虑了并购最初的阶段，而并购后的整合阶段效果如何没有显示出来，而组织经验对并购整合阶段也有重要影响，仅仅以并购完成代表并购成功是不全面的。有的学者以并购是否为股东创造价值，即并购绩效（M&A Performance）作为并购成败的标准（Markides 和 Oyon，1998；Meschi 和 Metais，2006；Dikova 和 Sahib，2013；Gubbi 和 Elango，2016）。关于跨国并购绩效的研究，分为两大流派：一大流派主要研究从短期变化的角度来探讨跨国并购绩效，即通过股价的变化来分析并购前后股东财富的变化，一般通过事件研究法（CAR）来计算；另外一大流派研究跨国并购长期绩效的变化，主要有两种方式，一种是采用财务指标度量的经营绩效来衡量，另一种是根据目标企业是否依然存在来判断。总体来看，国外文献多以并购绩效来判断并购成败，具体的方法包括非正常市场回报、会计研究法、并购公司是否还存在和主观测量法，国内学者多以跨国并购是否完成来定义跨国并购成败，各种方法的优缺点如表 2-2 所示。

由表 2-2 的分析可以看出，这些方法各有利弊。事件研究法由于其标准统一、数据易得等特点广泛应用于中外研究，但该方法的缺点也很典型，即企业的股价受多方面因素的影响，仅以股价的变化来度量并购绩效太片面，而且该方法不适用于对非上市公司的研究。与事件研究法类似，财务绩效法的数据易得，且既能计算短期绩效也能计算长期绩效，也是一种常用的度量并购绩效的方法。度量并购绩效最具代表性的方法应该是主观测量法，该方法通过对并购双方中高层管理人员的访谈获取第一手资料判断并购是否成功，但可实施性较差。很多研究以并购后目标企业是否依然存在来判断并购的成败，这种方法直观易得，但代表性差。国内相关研究经常以并购完成表示并购成功，但忽略了后续的整合过程。

表2-2 跨国并购绩效的度量方法

测量方法	基本定义	优缺点	相关研究
事件研究法	事件研究法又称为超额收益率（Abnormal Stock Returns），这种方法的核心思想是将企业并购公告的发布时期作为特定事件，而特定事件前后时间称之为事件期，则企业在特定事件前后两个事件期内超额收益的变化就是企业并购绩效的反映	优点： 1. 过程简单，线索清晰 2. 跨国研究中，标准统一，易于比较 缺点： 1. 不同研究者选择公告周期不同，造成结果差异 2. 市场信息传播不一定充分，股价变动受多种因素影响 3. 不能反映企业并购的动机 4. 只考虑了短期的绩效变化，忽略了整合过程	Chatterjee 和 Lubatkin，1990；Kaplan 和 Weisbach，1992；Haleblian 和 Finkelstein，1999；Hayward，2002；Capron 和 Pistre，2002；Pangarkar 和 Lie，2004；Yang 和 Zhang，2015；Li J 等，2016
财务研究法	这种方法又称为并购绩效法，是借助发生并购行为企业的财务报表和会计数据，对比分析企业发生并购前后的成本、收益是否有明显的改善来判断企业并购绩效大小的一种方法	优点： 1. 财务数据易得，且容易计算 2. 既能计算短期绩效，又能计算长期绩效，能考虑企业整合过程的成败 缺点： 1. 进行跨国研究时，各国的计量方式不一样，无法直接比较 2. 绩效的影响因素过多，代表性差	Brush，1996；Morosini 等，1998；King 等，2004；Zollo 和 Reuer，2006
企业是否存在	这种方法以子公司是否依然存在作为并购成败的标准	优点：比较直观地显示并购成败 缺点：不能全面地反映并购成败，依然存在的企业不一定是成功的	Penningset 等，1994；Barkema 等，1996；Shaver 等，1997；Delios 和 Beamish，2001；Vermeulen 和 Barkema，2001
主观测量	设计问卷，通过对并购参与人员进行访谈、调查等主观回答来获取数据，测量并购成败	优点：较为全面的反映了并购动机 缺点： 1. 主观因素 2. 数据获取较难	Bruton 等，1994；Brouthers 等，1998；Capron，1999；Trichterborn 等，2016

续表

测量方法	基本定义	优缺点	相关研究
并购完成	并购声明的签署公布	优点：直观反映了并购成败 缺点：忽略了跨国并购的整合阶段	Muehlfeld 等，2007； Zhang，2014； 张建红和卫新江，2010； 贾镜渝等，2015

资料来源：笔者根据相关文献整理所得

第二节　跨国并购决策的影响因素研究

企业发起并购行为的根本驱动力在于资本，资本天然的逐利性要求企业以最低的成本、最高的效率获取最高的利润，而并购是实现这一目标最有效的方式，企业通过实施并购行为，推动资本的有序流动。资本属性是影响并购决策的根本因素，具体可通过企业战略规划、资源、环境等来体现。本书结合前人研究结论，对影响跨国并购的具体因素进行梳理。

一、企业战略规划

企业战略规划是企业为了实现自己有序良好经营的目的，根据企业外部环境和其拥有的内部资源变化情况，同时合理预期其变化趋势，制定和实施的企业未来发展战略。企业战略规划最核心最基本的两项内容为企业发展方向和资源配置策略。合理有效并且可实施性强的企业战略规划中最重要的是恰当的定位，对企业内外部环境进行合理判断，对企业自身的业务、产品和市场地位进行定位，在此基础上，规划企业未来的发展路径。在并购的过程中，企业可以获取重要资源，进而推动企业的发展，增强核心竞争力，实现企业可持续发展。

成功的跨国并购对企业品牌、企业实力的推动往往具有战略意义。企业是否要实施跨国并购、跨国并购的目标如何选择，都需要企业有明确的战略规划指引。企业的战略规划指引企业明确未来发展的方向及需求，合理预判目标企业的竞争优势和增长潜力，从而捕捉实施跨国并购的机会。而判断跨国并购机会是否符合企业需求,也需要企业战略规划的指引,对目标企业合理评估,判断能否通过并购目标企业获取企业发展所需要的资源、技术和市场,成功扩大企业规模,实现企业快速发展。因此,企业跨国并购决策会受到企业战略规划的重要的影响。

二、并购目的

是否要实施跨国并购、跨国并购能否获得成功,在很大程度上取决于该项跨国并购是否符合企业的并购目的,企业实施该项并购是为了获取资源、市场还是技术,该项并购是否符合企业的价值观,是否符合企业的发展路径需求。企业作为一项资本组织,受资本逐利性的影响,企业通过实施跨国并购获取企业所需的资源,提高企业的内部效率,降低外部压力,从而提升企业竞争力,实现资本增值。因此,企业在实施跨国并购前,必须明确企业跨国并购的目的,即跨国并购动因。企业实施跨国并购的动因具体表现为三点:第一,企业通过实施跨国并购,消除贸易壁垒,迅速进入新市场;第二,通过跨国并购获取企业所需要的技术、实物、管理和品牌资源;第三,通过跨国并购,企业可以消除企业间的竞争,实现垄断。从我国企业实施跨国并购的实际情况来看,并购目的多为第一和第二点。并购项目是否符合企业并购目的会对企业做出跨国并购决策产生重要的影响。

三、资源

企业的生产经营过程实际上是整合该企业所有的内部资源,然后充分利用外部资源实现企业的良好运转和经济产出的过程。企业的内部资源指企业的技术、信息、管理、人力、政治、社会等资源。企业是否实施跨国并购,取决于企业是否能够对其所拥有的内部资源进行合理的判断,能否充分有效地发挥外部资源的效用,同时能够客观评估自身拥有资源的实力。成功的跨国并购对企业所掌握的政治、社会和信用资源要求较高,企业必须能够合理沟通,良好预判国内外政治经济环境,才能保证跨国并购的成功率。

四、交易环境

交易环境包括会对并购交易过程产生影响的政治、经济、法律环境,以及公众意愿及舆论等。交易环境对具体跨国并购的交易过程和交易结果都会产生影响,可从并购方环境、被并购方环境和交易环境三个角度来阐述。

（一）并购方环境

并购企业的内部环境与外部环境会对企业的跨国并购决策产生关键影响。从外部环境来看，企业在制定战略规划，选取并购作为企业规模扩大、技术创新的必要方式时，会时刻关注国家相关政策、国际环境的变化以及中介机构的最新信息，根据外部环境的变化选择合适的并购标的和并购时机，协调各种外部资源，为企业实施跨国并购做好准备。从内部环境看，企业在确定了并购战略后，管理层会营造一种并购氛围，组建由高管、财务、法律等专业人才构成的实施团队，整合企业内部资源，聘请外部机构共同评估并购风险，做好内部准备。并购方内外部环境的良好沟通对企业做出跨国并购决策有重要影响。

（二）被并购方环境

进行跨国并购时，对并购方环境是否了解是交易能否成功的重要因素。跨国并购交易的双方由于国家之间的制度差异、文化差异、地理距离等问题，并购方想要准确了解、深入掌握被并购方的环境信息也有一定的难度，因此，信息不对称是企业在实施跨国并购过程中需要承担的必要风险。因此，被并购方的环境如果想公开透明，企业能够最大程度地获取被并购方企业所在地的政治、法律、文化风俗、工会制度、政府及公众对并购的态度和倾向等信息，对于降低跨国并购过程中的信息不对称风险，提高并购成功率有积极作用。

（三）交易环境

并购交易过程受双方国家政策、国际关系、竞争对手、工会意见及民众倾向等外部环境的影响，企业在并购交易过程中预判这些影响因素对并购交易的影响，在交易进程中，时刻关注外部环境的变化，谨慎应对，保证并购过程的顺利开展。

第三节 跨国并购绩效的影响因素研究

跨国并购绩效是判断跨国并购是否成功的基本因素。与并购活动相关的宏观层面、行业层面、并购交易层面等都会对跨国并购绩效产生影响，本书将从并购交易前、交易中、交易后三个阶段来梳理影响跨国并购绩效的因素。

一、并购交易前的影响因素

(一) 主并企业自身的条件

企业在并购前,主并企业的财务状况、管理风格、团队构建等会对企业跨国并购绩效产生影响,尤其是主并企业的财务状况。主并企业前期经营状况良好,代表了企业管理能力较强,能够在并购后很快整合并购企业,提升企业绩效。另外,主并企业的管理风格与并购企业的差异程度、主并企业是否具有跨国并购经验等因素也是影响跨国并购绩效的重要因素。

1. 主并企业的基本条件

主并企业的股权结构、董事会结构、股权性质等是影响跨国并购绩效的重要因素。从股权结构来看,主并企业股权结构的集中度较高代表大股东对公司的经营管理控制较为严格。当大股东对跨国并购项目认可度较低时,为了防控跨国并购过程中的风险,大股东有可能会限制和阻碍企业的跨国并购行为;但当大股东对跨国并购项目认可度较高时,为了追求利益最大化,其股权集中度会加速推进跨国并购的运行。Markides 和 Oyon(1998)对此开展了深入探索,研究显示在跨国并购实施过程中,股权结构越集中,越有可能提高跨国并购绩效,为企业创造价值。从董事会结构来看,董事长和总经理两职是否合一也是影响跨国并购绩效的重要因素。董事会中外部聘请经理人过多,受委托代理机制影响,由于跨国并购中制度、文化成本等问题会加大代理成本,经理人和董事长容易产生利益冲突,会对跨国并购绩效产生影响。我国企业实施的跨国并购还多受到企业股权性质的影响,国有企业的跨国并购更容易受到目标企业所在国家和民众的抵制,在整合过程中由于企业文化、制度等差异的影响,跨国并购容易失败或绩效降低。

2. 并购经验

跨国并购的过程比较复杂,在跨国并购的实施过程中,企业不断学习,积累经验,从经验中提取对他们后面行为有用的信息(Levittand 和 March,1988)。Hitt 等(2000)的观点是,在组织学习的过程中会使组织产生新知识,产生的新知识会给该组织带来竞争优势,使企业绩效得以提高。Lubatkin(1983)认为,前期有收购经验的企业,在并购过程中对必经的结构变化更为熟悉,因此能够避免会对绩效产生负向影响的管理问题。但经验并不一定对企业绩效是有益的,学习可能被忘记(Huber,1991)。另外,企业可能从前期行为中得出错误的推论或者将这些推论用在不恰当的地方(Haleblian 和 Finkelstein,1999)。因此,并购经验对并购绩效的影响并没有统一结论,但无论是正面影响还是负面影响,企业在前期并购的行为会积累经验,积累的经验会影响之后的跨国并购绩效。

(二)目标企业的选择

1. 国家差异

跨国并购企业母国和东道国之间的差异是影响跨国并购绩效的重要因素。转移理论认为,从一个情景转移一个熟悉的技能到另一个情景依赖于双方的相似性(Yelon 和 Ford,1999)。如果母国和目标企业所属的东道国存在的差异较小,那么该跨国并购的风险和不确定性较低,对跨国并购的绩效是有益的。国家之间的差异主要体现在两方面:一方面为国家之间文化的差异。首先,文化差异影响跨国并购的交易过程,并购双方之间存在的文化差异对跨国并购交易接洽阶段和公开谈判阶段的沟通产生的影响很大。其次,文化差异是并购后整合阶段的主要影响,并购后的整合内容、整合方式、整合程度、整合速度等都会受到文化差异的影响,进而并购绩效受到影响。另一方面是国家经济发展水平的差异。东道国的基础设施、教育等外部环境直接影响着企业的生产经营情况,另外,东道国的经济发展水平也影响着企业并购后的市场,从而对跨国并购绩效产生影响。

2. 行业相关性

跨国并购双方行业是否相关会对跨国并购绩效产生重要的影响(Walker,2000)。当跨国并购双方企业在资源、市场上具有相似性的并购可归为相关并购,相关并购双方或具有相似资源或具有互补资源,通过实施跨国并购,能够增强企业在某一特定市场、某种产品或某个行业上的实力,为企业带来较好的绩效。同时,由于跨国并购双方的行业相关性,这可以改善跨国并购实施过程中信息不对称的问题,大大降低了跨国并购风险,跨国并购成功的可能性大大提高。行业相关也正向影响了跨国并购后的整合效率,主并企业能够根据自己的需求和目标企业的现状,更有效地整合目标企业资源,对相似资源进行整合利用,对互补资源进行重新配置,从而提高企业绩效。

3. 并购双方相对规模

并购双方相对规模的含义是,主并企业的规模与被并企业相比较时,用并购双方总资产的比例进行度量。相对规模的大小是双方在资源和能力上的不同之处,也反映了在跨国并购完成后,被并企业对主并企业的资源贡献率。国内外学者均对此展开研究,但并没有得到统一的结论。部分学者认为,跨国并购双方相对规模越大,并购后的绩效越好;反之,相对规模较小的跨国并购可能会带来较差的绩效,二者之间呈现正相关关系。Kitching(1967)对跨国并购交易失败的原因进行深入分析,结果表明,80%以上的跨国并购交易失败是由于被并企业的规模偏小。Biggadike（1979）的观点是，相对规模与并购交易绩效成正相关关系，即相对规模越大其并购交易绩效越好；反之，相对规模越小其并购交易绩效越差。但是，有学者通过研究否定了上述结论，他们通过研究发现，相对规模较小的并购交易的绩效优于相对规模较大的并购交易（Ellis 和 Reus，2011）。还有部分学者的研究结论是二者之间不存在相关关系，跨国并购绩效不受跨国并购双方相对规模的影响（Fowler 和 Schmidt，1989；Reddy 和 Mantravadi，2007）。可能的原因在于，并购双方的相对规模并不是直接影响跨国并购绩效的因素，二者之间的关系受其他因素的影响。因此，跨国并购双方企业的相对规模与跨国并购绩效之间的关系未得到统一结论。

二、并购交易中的影响因素

在具体实施时，跨国并购的过程是相对复杂的。主并企业需要在交易过程中对目标企业进行尽职调查，二者初步达成意向以后，要对并购的具体细节进行谈判协商，协商内容包括并购后的股权结构设置、并购的支付方式、人员安排等细节。这个过程中，并购双方的议价能力是影响跨国并购绩效比较核心的影响因素，是后期控制权分配的直接影响因素。同时，并购绩效也受到股权结构和支付方式的影响。

（一）议价能力

议价理论是国际化理论的重要组成部分。国外学者Schelling（1956）最早提出了议价概念并对此进行了研究，其观点是，为了自身利益最大化，经济活动中只要有两个以上的人或组织存在，议价就会产生。双方对议价的结果存在预期，双方在设定预期时会综合考虑双方的利益，议价过程中一方利益增加，另一方利益就会减少。议价过程会持续，直至满足双方的预期，达成一致的结果。跨国并购双方议价的基础在于并购双方都握有对对方有价值的资源。

早期对跨国并购过程中议价能力进行研究的学者多关注跨国公司与东道国政府之间的议价。跨国公司拥有的主要资源包括东道国政府需要的技术信息、管理能力以及全球营销渠道等，东道国拥有的主要优势资源体现在东道国的市场以及生产要素如劳动力、原材料等。正是由于双方存在资源互补，才产生了并购的需求，但双方的议价也源于此。后期，Lecraw（1984）还从行业与组织层面对议价能力的来源进行了研究。从行业层面看，议价能力来自行业重要性、行业竞争程度；国家层面的议价能力来自市场区域边界资源、生产要素资源、廉价劳动力资源等国家层面的资源；从组织层面看，议价能力来自技术资源、使产品差异化的资源、出口资源、资本资源、产品线资源（产品线多样性）、自身规模等组织的核心资源。在跨国并购的议价过程中，主并企业可以利用自身独特性以及对方对资源的依赖性等相关方面的议价能力，在运营过程中获取更多控制权，使并购倾向于自身战略目标，提升并购绩效。

（二）股权结构

股权结构是跨国并购控制权最重要的代表，股权结构的构成尤其是主并企业的持股比例一直是跨国并购议价的核心内容，对跨国并购绩效有重要影响。对跨国并购的主并企业来说，并购完成后持股比例越高，对被并购企业的控制权越大，企业实施跨国并购获取技术或市场等方面的目标越容易实现，并购后能在更大范围内实现双方资源的重新配置，使整合效率更高，有益于跨国并购绩效。但也有学者认为，为了获得更大的持股比例，主并企业在跨国并购议价过程中会损失其他方面的利益，而且投入的成本越高，风险也相对越高，可能并不一定有益于较高的并购绩效。

（三）支付方式

支付方式是跨国并购交易谈判过程中的重要环节。企业实施跨国并购的支付方式一般为现金支付、股票支付和混合支付三种，支付方式的选择对企业并购后整合的控制权及并购成本的控制有重要影响。支付方式受跨国并购双方及母国、东道国制度等多层因素的影响。跨国并购过程中，主并企业选择支付方式首先要考虑企业自身流动资产情况，其次要根据项目实际考虑合适的融资方式，同时股本结构也是重要因素，最后还要考虑被并购企业的财务状况。支付方式的差异一方面可通过并购后的整合从而最终影响跨国并购绩效；另一方面，有学者认为支付方式的差异也会影响跨国并购的核算方式，从而对跨国并购绩效产生影响（Kusewitt，1985）。

三、并购交易后的影响因素

跨国并购结束之后的整合阶段是决定跨国并购绩效的关键一环，由于跨国并购的复杂性，预期收益和现实收益一般会存在较大差异，这种差异的部分原因在于并购后的整合是否高效。跨国并购的整合效果对并购绩效的影响主要体现在以下四个方面：

第一，文化整合是并购交易后影响并购绩效的重要因素。与国内并购不同，跨国并购首先面临的是母国和东道国之间的文化差异，其次是企业之间的文化差异，二者之间有相互融合的地方，文化的整合是一个双层整合的过程。对于国家文化整合，主并企业管理者在制定政策和制度时要充分与东道国的管理者沟通，考虑东道国的国家文化，重塑企业的愿景，结合并购企业的企业文化，塑造共同的信仰和目标，激励高层管理者的积极性，降低由多元文化产生的负面影响。

第二，并购后公司的治理结构是影响并购绩效的重要因素。跨国并购交易完成以后，一般会建立一个由双方公司管理层组成的整合团队，负责跨国并购完成以后的一系列整合任务。整合团队的运作模式、管理者能力及经验等会对整合的成功与否产生影响。另外，并购后的公司基本采用委托代理机制，股东性质和股权组成比例也会对跨国并购绩效产生影响。

第三，跨国并购交易完成后的人员整合影响跨国并购绩效。与国内并购完成后管理层多为留用不同，跨国并购完成后，如何恰当处理被并购企业高层管理者是影响跨国并购绩效的重要因素。由于母国和东道国之间的文化差异，管理层之间的融合较难，很多被并购企业管理层会倾向于离职，企业的经营状况以及并购绩效会被这种高离职率影响。

第四，并购后的控制机制选择也会对跨国并购绩效产生影响。以美韩企业之间的跨国并购为例，跨国并购完成后，美国企业的管理者更关注财务收益，而韩国企业管理者的关注点在企业的长远发展。无论哪种控制机制，都必须根据企业的发展实际进行选择，但并购双方的控制机制必须保持一致，才能提升跨国并购的绩效。

第三章 组织学习的相关理论研究

第一节 组织学习的基础理论

一、组织学习的定义

组织学习的概念孕育于 20 世纪 50 年代早期,到 20 世纪六七十年代逐渐形成了组织学习的概念。最早提出组织学习这个定义的是 Argyris 和 Schon(1978),他们认为,组织学习是组织发现错误并进行处理从而改进组织行为的过程。后续很多学者从多个领域对组织学习进行了研究,包括组织行为理论、认知和社会心理学、社会学、经济学、信息系统、战略管理和工程等领域(Argote 和 Mironspektor,2011),并从不同角度探讨了组织学习的定义。

部分学者从经济学和社会学的角度出发,通过组织面对外界环境变化的过程来探讨组织学习的定义。Hayek(1945)从经济学角度探讨了组织学习的定义,认为在面对各种不断变化的环境时,经济组织会通过各种模式的组织学习来协调行为主体的能力,应对变化的环境。Duncan 和 Weiss(1979)认为,组织学习是组织在应对外界环境变化时积累知识的过程,是组织的一种行为过程。Gherard(2001)从社会学角度给出组织学习的定义,认为组织学习是改变组织内知识应用的过程,通过实践活动将知识和知识的主体联系起来,在社会关系中学习的过程。

还有部分学者根据个人学习到组织学习的过程探讨了组织学习的定义。Cyert 和 March(1963)认为,组织学习与个人学习不同,组织学习是组织不断适应的过程。Senge（1990）认为，个人学习是组织学习的基础，通过个人学习才形成组织学习。Mulholland等（2001）认为，组织学习是组织内成员经验积累的过程，组织内各个成员通过经验积累来形成组织学习的过程。

大量学者从组织行为和战略管理的角度探讨了组织学习的定义。Fiol和Lyles（1985）认为，组织学习不同于个人学习，组织学习是组织通过理解和解释他们所在的环境来评价企业的战略，通过加强组织成员之间的关系和他们的认知能力从而提高其行为能力。Levitt和March（1988）从三个经典的组织行为研究理论出发探讨了组织学习的定义，认为组织学习是组织成员通过对过去行为的总结和反思，形成规范来引导后续的行为。Senge（1990）探讨了一般性学习和适应性学习的区别，认为组织学习是组织成员面对外部环境压力逐渐提高管理水平从而提高组织效率的过程。

综合以上经典的关于组织学习的定义可以看出，组织学习是组织在面对外界环境变化过程中逐渐成长的一个过程，这个过程受到组织自身结构、文化、制度等因素的影响，同时与外部环境相关，是组织对外部环境认知和适应的过程，组织学习的本质是适应和改变，会对后续组织行为产生影响。本书从组织在组织学习过程中积累的知识和经验对后续组织行为的影响角度来探讨组织学习的效果。

二、组织学习的结果

组织学习是故意学习机制，是组织为了一定的目的而实施的。以企业为例，组织学习多集中于企业的竞争优势和企业绩效两方面。企业通过实施组织学习获取异质性资源，提升企业的发展潜力，而且学习速度越强的企业，其竞争优势越明显。组织学习还能提升企业的绩效。一方面，企业可通过组织学习提升创新绩效。李燚等（2006）通过对256位被试进行问卷和实证分析的结果表明，理论学习方式能够显著推进企业的管理创新活动。Francois（2002）以美国中小高科技企业为对象进行深入调研，验证了组织学习对企业创新绩效的促进作用。另一方面，组织学习还能促进企业的经营绩效。企业通过组织学习，缩短研发周期，促进新产品的成功率，从而提高企业的研发效率，提升企业的市场占有率，因此，组织学习对企业经营绩效也有正向促进作用。

三、组织学习的理论模型

组织学习的理论模型是组织学习理论的核心，回顾一些具有代表性的组织学习理论模型有助于我们揭示组织学习和经验学习之间的关系。

（一）Argyris 和 Schon 的简单线性模型

Argyris 和 Schon（1978）的简单线性模型认为，组织学习的过程包括发现（Discovery）、发明（Invention）、执行（Production）和推广（Generalization）四个阶段，即通过组织成员在实施组织行为的过程发现不同环境之间的差异，在不断适应和改善的过程中发明组织如何调整自己的行为来解决不同环境的差异所带来的问题的方案，后续成员能够通过不断学习来执行方案，同时通过不断总结来修正方案，在这个过程中不断积累经验并推广到各个部门和环节。这个模型简单直观地描述了从组织学习到经验学习的过程，组织学习的最终结果是形成经验并将经验进行推广，但本模型对组织经验的推广只限于本组织内，如图 3-1 所示。

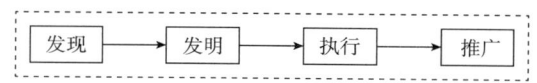

图 3-1 简单线性组织学习过程模型

资料来源：Argyris C., Schön D. A. Organizational Learning: A theory of Action Perspective [M]. Massachusetts: Addison-wesley Pub. Co., 1978: 419-427.

（二）Dixon 的四阶段循环过程模型

Dixon（1999）的模型将组织学习分为创造（Generate）、整合（Integrate）、诠释（Interpret）和行动（Act）四个阶段，分别为在个体层面上创造知识，将知识整合为组织知识结构的一部分，结合组织的结构背景，对知识做出解释和说明，最后授权成员进行可靠的行动（见图 3-2）。该模型将个体学习和组织学习结合起来，强调了组织学习与组织绩效提高的关系，但没有考虑组织间学习。

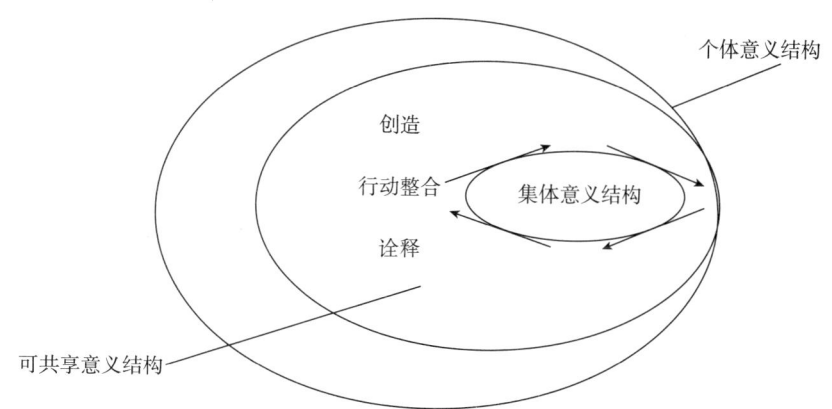

图 3-2 四阶段循环过程模型

资料来源：Dixon N. M. The organizational learning cycle: How we can learn collectively [M]. Gower Publishing, Ltd., 1999.

(三) Nonaka 的 SECI 模型

Nonaka (1994) 认为,组织面对动态变化的环境不仅能够有效处理信息,还能不断创造信息和知识。根据图 3-3 可知,该模型将知识创造分为两个维度,分别为隐性知识 (Tacit Knowledge) 和显性知识 (Explicit Knowledge)。两个维度构成的四维图从动态上分析了知识的扩散过程,形成了四种模式:第一种模式是从隐性知识到隐性知识,是社会化过程。通过个体间的交流实现隐性知识的流动,组织成员通过观察、模仿和实践来学习。第二种模式是从显性知识到显性知识,是融合化过程。对现有信息和知识重新配置,从而创造新的知识的组织学习过程。另外两种模式分别为从隐性知识到显性知识的外部化过程,和从显性知识到隐性知识的内部化过程。外部化过程是将知识通过组织成员可以理解或接受的模式表达清楚,以利于知识的扩散和传播;内部化过程是将组织成员从外部学习的知识转化为自身的经验来影响后续的行为。

图 3-3 SECI 模型

资料来源:Nonaka. A dynamic theory of organizational knowledge creation [J]. Organization Science, 1994, 5 (1): 14-37.

(四) Crossan 的 4I 模型

Crossan 等 (1999) 的 4I 模型认为,组织学习是一个动态过程,组织学习不仅跨越了时间和空间,而且还能在同化新的知识与开拓利用以后的知识之间构建联系。在前馈过程中,新的思想和行为从个人到团体再到组织之间传播,与此同时,旧的知识从组织反馈到个人。整个过程是一个动态的过程,反映了知识从个人到组织再从组织到个人的动态传播。这个过程包括四种学习方式,分别为直觉 (Intuition)、解释 (Interpretation)、整合 (Integration) 和制度化 (Institutionalization) (4I),直觉和解释主要是个人层面,整合对应的是团队层面,制度化对应的是组织层面,整体的循环往复的动态变化,如图 3-4 所示。这个组织学习模型很好地阐释了组织内学习的过程,但忽视了外部学习,即组织内个人或团体同样可以通过组织间学习来获取知识和经验。

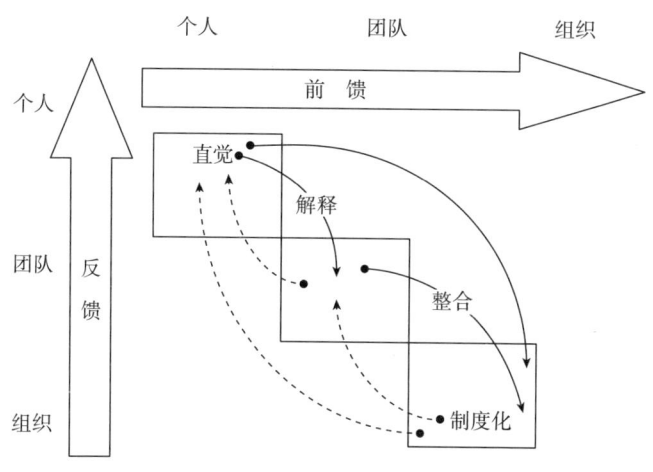

图 3-4　组织学习动态模型

资料来源：Crossan M. M., Lane H. W., White R. E. An organizational learning framework: From intuition to institution [J]. Academy of Management Review, 1999, 24 (3): 522-537.

（五）于海波等的组织学习整合模型

在 4I 模型的基础上,于海波、郑晓明、方俐洛、凌文辁（2007）将组织间学习纳入模型,进一步整合了组织学习的层次。与 4I 模型一样,于海波等（2007）的模型也从个人、团体、组织三个层面上讨论了组织学习的过程,但同时将其他组织纳入模型,同时探讨了其他组织的经验对个人、团体和组织的影响,全面分析了组织学习的过程,如图 3-5 所示。

四、组织学习的方式

国内外学者从不同的角度探讨了组织学习的方式。综合各学者对组织学习方式的原始划分,一些比较典型的划分,如 Hedberg（1981）将组织学习方式分为适应型学习、转换型学习和改变型学习；Fiol 和 Lyles（1985）将组织学习分为低层次学习和高层次学习；March（1991）将组织学习分为开放式学习和利用性学习；等等。国内学者刘寿先（2008）将组织学习分为探索式学习和利用式学习,分析组织学习在企业社会资本和组织创新之间的中介作用。本书采用的组织学习方式是 Lyles（1992）提出的将组织学习分为来自经验的学习、来自模仿的学习和来自创造的学习。Lyles 和 Schwenk（1992）从组织中知识结构来源的角度，将组织知识系统分为从自身行为积累的经验中学习、模仿其他相关组织的行为、从管理者的创造性行为中学习三种。本书针对前两种模式进行分析，将企业跨国并购过程中的组织学习从知识来源的角度分为两类，即从自身经验中学习和从外部其他企业的行为及其结果中模仿学习。

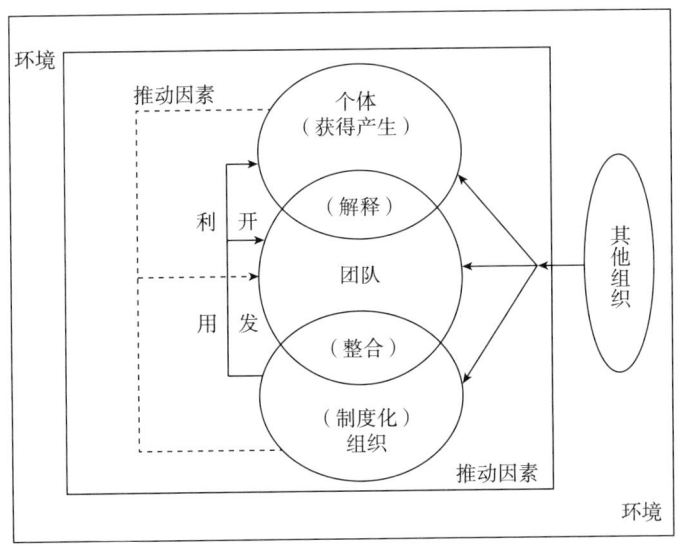

图 3-5　组织学习整合模型

资料来源：于海波等. 我国企业组织学习的内部机制、类型和特点［J］. 科学学与科学技术管理，2007（11）：144-152.

第二节　经验学习理论

一、经验学习的概念

组织学习来自于经验，经验学习理论是组织学习理论的重要部分，但学者很少单独研究经验学习理论。从组织学习的理论模型可以看出，任何组织学习的过程都包括了经验转化的过程，组织学习的最终结果都落实在经验转移上。经验学习是组织学习过程中，企业根据外部环境的变化，不断调整自己的组织结构和行为模式来适应外部环境的变化，并在这个过程中不断积累经验，同时应用于后续的行为中（Nelson 和 Winter，1982）的过程。经验学习是通过不断试错来总结经验，从而反馈到组织后续的行为中的一个循环往复的动态过程（Levitt 和 March，1988）。由此我们可以发现，经验学习的基本特征包括动态性、成本性和持续性。

关于经验学习，很多学者从不同角度研究了经验学习。Kim（1997）认为，经验来自于组织任务或组织成员。经验既有可能来自组织成功行为也有可能来自组织失败行为（Sitkin，1992；Denrell 和 March，2001；Kim 等，2009）。组织有可能从新的任务中获取经验也有可能从不断重复的任务中获得经验（March，1991；Katila 和 Ahuja，2002）。经验学习是一个逐渐学习的过程，组织从最初的经验中获得的是模棱两可的信息，但经过不断的积累，可以清晰地获取组织经验（Bohn，1995；Repenning 和 Sterman，2002）。从以上分析可以看出，经验学习是组织学习的一部分，是组织学习的重要维度。

本书研究的组织经验包括企业自身经验和外部学习经验。企业自身经验是指企业通过自身的投资行为所积累的经验，外部学习经验是指企业从外部观测和模仿的经验，包括从同行业企业模仿的经验和同地区企业模仿的经验。本书界定的企业自身经验包括企业在国内并购积累的国内并购经验、跨国并购积累的跨国并购经验以及实施国际合资过程中积累的经验，外部学习经验包括从同行业企业的跨国并购行为中模仿的经验，和从同区域企业的跨国并购行为中模仿的经验。

二、经验学习的一般理论

经验学习的概念起源于 20 世纪 30 年代美国的教育行业，后应用到生产领域，即企业的"干中学"效应。后续学者将经验学习的理论扩展到战略管理领域，尤其是企业跨国投资领域。Porter（1980）认为，企业竞争的实质是以竞争优势为基础的企业综合实力的竞争。长期以来，经验学习被认为是克服竞争劣势并建立竞争优势的关键途径（Hayward，2002）。Peng 和 Fang（2010）认为，组织经验是企业一种不可模仿和不可替代的资源。

随着经济全球化步伐的加快，对跨国投资影响因素的研究开始引起国际经济理论界的重视。跨国公司在进入国外市场的初期，由于缺乏关键资源和东道国市场的相关知识，跨国公司面临着新进入者劣势和外来者劣势等竞争劣势（Hymer，1976）。经验学习是外资企业了解东道国投资环境的重要途径，能够帮助外资企业克服"外来者劣势"(Johanson 和 Vahlne，1977)。经验学习理论认为，惯性普遍存在于组织行为中 (Cyert 和 March，1963)，存在于战略行为中的惯性会转化为战略动力 (Miller 和 Friesen，1980)。Amburgey 和 Miner (1992) 定义了并购领域的三种战略动力，分别为重复动力、积极结果动力以及背景动力。其中，重复动力即企业重复某种特定前期行为的动力，是最基础的战略动力。当企业重复操作某项行为时，企业形成了关于这项行为的常规行为，实施这项行为具备了一定竞争力，因此企业就有了再次进行这种战略行为的重复动力。当企业重复操作某项战略行为时，常规行为会转化为经验，而企业的常规行为对企业后续行为有显著影响。

因此，经验学习成为企业跨国投资的重要影响因素。经过近半个世纪的发展，国外对于研究经验学习在跨国投资中的作用已经取得了一定的进展，但关于经验学习的理论还处于不断发展和完善之中，并无统一的观点。本书主要以跨国并购为背景探讨企业经验学习对组织行为的影响。

第三节　模仿学习理论

一、行为学习理论

行为学习理论，即行为主义学习理论，是心理学中行为主义学派关于"学习"的理论 (Watson，1913)，也被称为刺激－反应 (S-R) 理论。自 20 世纪初诞生以来，行为学习理论流派和研究范式曾占据心理学研究统治地位近 50 年。时至今日，行为学习理论的很多观点仍然是人们认识、理解学习规律的重要基础。20 世纪初，行为学习理论深受科学、动物心理学、机能主义心理学和条件反射学说的影响。行为学习理论非常重视学习过程的研究，认为行为学习就是行为变化的过程，因此其研究的对象是广义的学习，即研究行为主体（人或动物）受外在因素的影响而获得或改变行为的过程。

行为学习理论认为，惯性普遍存在于组织行为中 (Cyert 和 March，1963)，存在于战略行为中的惯性会转化为战略动力 (Miller 和 Friesen，1980)。最早在跨国并购领域引入行为学习理论的是 Haleblian 和 Finkelstein (1999)，他们通过行为学习理论来分析收购者的收购经验对后续收购绩效的影响。他们认为，从自身前期国际行为和其他企业的国际化行为中吸收经验,从而不断调整自身的国际化战略,能提升企业的综合竞争力和环境适应性,降低环境不确定性的影响,有利于企业及时有效地做出恰当的跨国并购决策,同时对跨国投资绩效也有一定的提升作用。

二、模仿学习理论

模仿学习是行为学习理论的一种重要方式,是指仿照一定榜样做出类似动作和行为的现象。不管在自然界还是在人类社会,模仿都是一种非常普遍的现象(Merlo 和 Schotter,2003;Bonabeau,2004;Hurley 和 Chater,2005)。在管理学中,许多领域的学者也关注到组织间模仿学习的普遍性并对此进行了不同的考察,如组织结构的选择(Mahajan 等,1988)、管理方法的采用(Westphal 等,1997)、银行分支机构的设立(Barreto 和 Baden – Fuller,2006)、国际投资的决策(Baum 等,2000;Henisz 和 Delios,2001;Lu,2002;王疆和陈俊甫,2013)等。并且创新管理、市场营销、新制度理论、战略管理等不同研究领域的管理学者都基于各自的研究视角对模仿现象做出了不同的理论解释,这也意味着模仿本身是一个复杂的现象,可能存在不同类型的模仿。基于新制度理论和组织学习理论,Haunschild 和 Miner(1997)首次从理论和实证上较好地区分了三种不同类型的模仿,即基于次数的模仿、基于特性的模仿和基于成果的模仿,并在不同研究领域得到了广泛应用(Westphal 等,1997;Barreto 和 Baden – Fuller,2006;Fernhaber 和 Li,2010;Argote,2013;Forsgren,2015)。

在全球化背景下,国际投资是企业的一种重要战略行为,企业在进行国际投资之前要做出是否进行国际投资、投资哪个国家或地区以及采取什么方式进入新市场等诸多决策。这一系列决策会影响企业的后续业绩表现(Brouthers,2005)。而国际投资行为是一种非常不确定的行为(Hymer,1976;Vernon,1979),因此,通过外部模仿做出决策是很多企业在进行国际投资时采取的策略(DiMaggio 和 Powell,1983;Henisz 和 Delios,2001)。国际投资中充斥的不确定性可能是因为企业不熟悉东道国文化、规制和市场或者缺乏经验(Haunschild,1994;Henisz 和 Delios,2001;范黎波和张岚,2015)。企业在进行国际投资时要面对一个充满不确定性的环境。当企业不知道怎么做才好时,通过模仿其他企业,特别是与自己相似的企业或者已经取得成功的企业,能比较容易地提高投资和经营的合法性,减少不确定性,从而提高生存或成功的概率。

国际投资过程中的模仿学习可分为三步,分别为产生模仿意识、实施模仿行为的倾向和完成模仿行为（范黎波和张岚，2015）。模仿意识是很多企业在国际投资过程中都会产生的想法，尤其是面对的不确定性较大时。但具体何时何种情况会萌生模仿意识，具有极大的随机性。它可能是企业与生俱来的，并不由外部经验引发，也可能萌生模仿意识的过程本身就是一种模仿行为。模仿倾向则比模仿意识更为深入，表示企业已经开始深入分析模仿学习的可能性，选择符合需求的模仿对象，开展模仿行动。而模仿行为的完成则说明模仿行为已经成功实施。本书研究的是模仿学习的第三步，即模仿行为完成以后的结果分析，探讨从其他企业的行为中模仿学习所积累的经验对企业自身行为的影响，也就是外部学习经验对跨国并购行为的影响。

第四章 文献综述

第一节 企业自身经验对跨国并购决策的影响

组织学习理论认为,组织行为受源自于经验的常规活动和绩效反馈的影响(Nelson 和 Winter, 1982)。行为学习理论的核心理念在于,组织的日常活动源自于组织经验(Levitt 和 March, 1988)。组织日常的行为活动是组织前期在完成某项特定任务时积累经验的反应(Nelson 和 Winter, 1982)。当一个企业在某项活动领域积累了丰富的经验,不论结果好坏,企业重复这项战略行为的可能性都会增加(Amburgey 等, 1993; Gulati, 1995; Shaver 等, 1997)。组织学习理论认为,组织行为所需要的知识来自于组织经验,组织经验积累形成的知识在组织内部储存,在恰当的时候指导企业行为(Huber, 1991)。因此,经验会左右企业的行为,经验学习是问题解决的过程,从而导致组织随着经验的积累来调整他们的行为(Hayward, 2002)。企业通过前期行为所积累的经验会慢慢形成企业的惯性,这种惯性会引导企业的后续行为,指导企业做出战略选择(Collins 等, 2009)。

一、国内并购经验对跨国并购决策的影响

早期关于并购经验对并购行为影响的研究多集中于国内并购经验对国内并购行为的影响。Haleblian 等(2006)以 1988~2001 年美国商业银行业的国内并购为样本,研究了并购经验以及并购绩效反馈对企业是否开展下一次并购的影响,结果表明,并购经验和绩效反馈对美国商业银行业是否进行下一次并购都产生正

向影响,即绩效反馈越好,并购经验对进行下一次并购可能性的影响就越强。国内学者郭冰(2011)对2004~2008年中国沪深两市上市公司公告的1480个连续并购事件进行分析,以并购管理的熟悉程度和以往并购绩效的反馈来表示并购经验,结果表明,无论是并购管理的熟悉程度还是以往并购经验的反馈都显著正向影响了并购发生率。郭卫锋等(2015)也对并购经验对并购决策的影响进行了分析,结果表明,经验学习对企业并购决策有正向影响。

随着跨国并购在全球的扩张,更多的学者开始探索国内并购经验对跨国并购行为的影响。Nadolska和Barkema(2007)同时检验了跨国并购与国内并购经验对跨国并购行为的影响。他们认为,国内并购经验越多,国际并购的效率也会随之提高,从而增加了国际并购的频率。Collins等(2009)通过对374家美国企业符合"企业—国家"匹配的19072个并购样本进行研究,表明先前的国内并购经验显著正向影响了企业的国际并购,国内并购经验丰富的企业开展下一次国际并购的可能性更高。同时,并购企业在同一国家的并购经验比在其他国家的并购经验对企业是否在这个国家开展下一次跨国并购影响更为强烈。

二、跨国并购经验对跨国并购决策的影响

随着企业跨国并购行为的增加,跨国公司在处理跨国并购中遇到的各种问题时,积累了丰富的跨国并购经验,并将这些经验应用到后续的跨国并购中。Nadolska和Barkema(2007)认为,企业总的跨国并购经验和从经验中形成的常规活动提高了企业跨国并购的效率,因此企业每年进行的跨国并购数目会增加。Collins等(2009)通过对374家美国企业符合"企业-国家"匹配的19072个并购样本进行研究,表明先前的跨国并购经验显著正向影响了企业的跨国并购行为。

部分学者还深入探究了不同背景条件下跨国并购经验对企业并购决策的影响。Rabbiosi等(2012)选择发展中国家对发达国家的跨国并购进行研究,探讨跨国并购经验对发展中国家在发达国家进行跨国并购时并购方与目标方相关性的影响。

三、综合国际经验对跨国并购决策的影响

根据组织的经验溢出理论,组织的其他行为对组织的某个特定行为是有影响的。企业在国际化过程中,除了可以采用跨国并购的模式,还可以通过绿地投资、国际联盟或合资来实现企业"走出去"战略,这些战略行为也积累了丰富的经验,对企业跨国并购决策产生了影响。Nadolska和Barkema(2007)利用美

国企业30年跨国并购的样本，采用负二项回归的方法，检验了国际合资经验对跨国并购行为的影响，结果表明，国际合资经验和企业每年并购的数量正相关。Thomas等（2007）从新兴市场国家对发达国家的跨国并购出发，选择104家大型的拉丁美洲企业为样本，分析新兴市场企业在母国与发达国家企业的联盟经验对其进入发达国家市场可能性的研究，结果表明，与发达国家企业在母国的联盟经验正向影响了其进入发达国家市场的可能性。但文章并没有对进入模式进行具体界定。马娜等（2015）从熟悉度及信任度两个不同的视角入手，详细分析了企业以往和特定伙伴的联盟合作经验对其开展跨国并购的影响。他们认为，联盟合作经验通过增强并购企业对东道国环境的熟悉度，减少企业面临的潜在"外来者劣势"；通过加深对目标企业的熟悉度等活动，推动并购整合活动。

综上所述，无论是国内并购、跨国并购还是跨国公司的其他国际化行为所积累的经验，对企业的跨国并购决策都会产生影响，与组织学习理论和行为学习理论中的惯性理论相契合。针对中国企业国际化投资的特点，本书探讨的综合国际经验仅包括国际合资经验，并讨论国内并购经验、跨国并购经验和国际合资经验对企业跨国并购决策的影响。

第二节 并购经验对并购绩效的影响

组织学习是一个重复的动态过程，在这个过程中企业获取经验，从经验中提取对他们后续行为有用的信息（Levittand和March，1988）。组织学习理论认为，经验学习是组织获得、理解、传播、拓展和运用其经验的过程（Huber，1991）。Hitt等（2000）认为，组织学习是一个使组织产生某种新知识的过程，并且这种知识反过来又会给组织带来竞争优势，提高企业绩效。Lubatkin（1983）认为，前期有收购经验的企业，在并购过程中对必经的结构变化更为熟悉，因此能够避免会对绩效产生负向影响的管理问题出现。但经验并不一定对企业绩效是有益的，企业可能从前期行为中得出错误的推论或者将这些推论用在不恰当的地方（Haleblian和Finkelstein，1999）。因此，并购经验与并购绩效的关系研究一直以来都是国内外学者们研究的关注点，不同的学者从不同的角度采用不同的样本对并购经验和并购绩效的关系进行研究，会得出不同结论。

一、并购经验对企业并购是否完成的影响

实证研究表明,大概有1/4的收购在收购声明达成前被放弃(Holl和Kyriazis,1996)。很多原因导致了并购终止,比如监管或法律的不利裁决等(Hotchkiss等,2005)。但有着丰富组织经验的企业可以避免此类问题出现。很多学者从经验学习和经验转移角度出发,探讨企业前期累计的经验对并购完成是否有影响。

国外对并购成败的评价多关注并购后的绩效,很少有学者关注并购完成。Muehlfeld等(2007)以1981~2000年美国新闻行业的国内并购为样本进行研究,结果表明,并购者的经验对并购是否完成无显著影响。Dikova等(2010)通过对1981~2001年服务业跨国公司的2389起跨国并购交易进行研究,检验了跨国并购经验对制度距离和跨国并购完成可能性之间的调节作用,结果表明,跨国并购经验增加了跨国并购完成的可能性,但仅限于制度差异较小的国家之间。Muehlfeld等(2012)探讨成功或失败的并购经验在不同背景下对跨国并购是否完成的影响。文章选取了1981~2008年4973个新闻行业的跨国并购为样本进行分析,结果表明,成功的经验对并购完成有积极影响,而先前失败的经验和跨国并购完成的可能性之间呈正U形关系。

很多国内学者以中国企业的跨国并购为样本,研究了不同类型的经验对跨国并购是否完成的影响。国内学者阎大颖(2011)通过对中国企业1982~2010年1848起跨国并购的案例进行分析,结果表明,正式制度距离和非正式制度距离对跨国并购的完成都有显著的负向影响,而国际经验越丰富的企业,跨国并购完成的可能性就越高。贾镜渝等(2015)以1987~2014年524个中国企业跨国并购为样本,分析在发展中国家背景下经验对跨国并购是否完成的影响。贾镜渝和李文(2015)以中国企业527个海外收购案例为样本,探讨了发展中国家背景下,相关经验如何影响跨国并购成败以及非相关经验、国有股权和政府层级对其的调节作用。研究发现,在发展中国家背景下,相关经验与跨国并购成功率呈正U形关系;在非相关经验较少的企业组织,相关经验对并购成功率的负面影响更为显著。

从国内外的相关研究可以看出,无论是在发达国家背景下还是发展中国家背景下,并购经验对跨国并购完成有显著影响。但更多的国外学者在判定并购成功的时候并不采用并购完成作为并购成功的标志,而是以并购绩效中的短期绩效或者长期绩效作为并购是否成功的标志。大量学者对组织经验对并购绩效的影响进

二、早期的并购经验与并购绩效关系的研究

最早对并购经验和并购绩效之间关系进行实证研究的是 Lubakin 和 Lubakin (1982),他们通过研究 1948~1979 年联邦交易委员会列表中进行大规模并购交易企业的并购经验以及它们的绩效,但研究结果表现为并购经验和并购绩效之间无显著关系,主要原因在于他们采用了月度市场回报而不是每天的回报测量了绩效。此后,有大量学者对并购经验和并购绩效之间的关系进行了实证研究,如表 4-1 所示。

根据表 4-1,学者关于并购经验和并购绩效之间的关系主要有正相关、无显著关系、正 U 形、负相关及倒 U 形五种关系。

(一) 并购经验和并购绩效之间正相关

早期关于并购经验和并购绩效的研究多基于并购学习曲线理论,该理论倾向于并购经验和并购绩效呈正相关。学习曲线理论最早应用于生产领域,经验积累得越多,生产速度越快,成本也就越低,从而提高了绩效(Dutton 和 Thomas, 1984),很多学者把这一理论应用到了并购研究中。Fowler 和 Schmidt(1989)对美国 1975~1979 年 42 家制造业企业的国内并购进行研究,得出企业的并购经验和并购绩效之间呈正相关的结论。Hitt(1993)检验了 12 个成功的并购案例,发现并购经验能协助并购企业和目标企业之间资产的优化协同,同时提高并购企业的整合效率,结果表明并购经验和并购绩效呈正相关。Bruton 等(1994)以绩效不佳企业为样本研究了并购经验对并购绩效的影响,他们对绩效不佳企业的定义为,并购之前连续两年收入和投资回报下降。他们认为,有经验的并购者比起没有经验的并购者知道何时去并购以及需要哪些外部的金融、法律等资源。他们应用主观方法来测量并购绩效表明,绩效不佳企业的并购经验和并购绩效呈正相关,而不存在绩效不佳的企业,并购经验和并购绩效之间不存在显著关系。早期对并购经验和并购绩效之间关系的研究样本较少,应用范围也较窄,而且主要是针对国内并购进行研究。

(二) 并购经验和并购绩效之间呈现正 U 形关系

并购经验对并购绩效正相关的研究存在的局限性,其主要在于认为经验都是好的且对企业绩效有利的,但并购经验并不一定对并购绩效都是有利的。Haleblian 和 Finkelstein(1999)从一个全新的角度阐释了并购经验对并购绩效的影响,他们开创了一个经验研究的新理论。他们对学习曲线提出了质疑,第一次从

表4-1 并购经验和并购绩效关系相关研究概述

关系形态	相关研究	样本来源国	目标国家	收购事件	行业	样本量（个）	数据期间	对企业绩效的度量方法	对收购经验的度量方法
正相关	Fowler 和 Schmidt（1989）	美国	美国	国内	制造业	42	1975～1979年	一般资产回报（ROCE）股东的总回报（RSH）	收购发生前4年收购企业做的主要收购的数量
	Bruton、Oviatt 和 White（1994）	美国	美国	国内	多行业	51	1979～1987年	主观评价法：来自三所大学的学术研究者采用七点式量表进行评价	焦点收购前4年完成的收购的数量
	Markides 和 Ittner（1994）	美国	多国	跨国	多行业	276	1975～1988年	事件分析法（短期的非正常市场回报）	二元分析法，早期企业存在国际化行为为1，否则为0
	Markides 和 Oyon（1998）	美国	加拿大 欧洲	跨国	多行业	236	1975～1988年	事件研究法	前期国际经验，如果企业在收购前有其他国际操作为1，没有为0
	Meschi 和 Metais（2006）	法国	美国	跨国	多行业	291	1988～2004年	事件研究法	美国投资经验：焦点收购前合资的数量；美国收购经验：焦点收购前法国企业在美国收购的数量；美国经验的同质性：美国经验与投资经验的比率
	Haleblian 和 Rajagopalan（2006）	美国	美国	国内	银行业	2523	1988～2001年	事件研究法	1988年到焦点收购发生前企业进行收购的次数
	Haleblian 和 Finkelstein（1999）	美国	美国	国内	制造业	449	1980.01～1992.12	事件研究法	样本企业前期的收购的数目

续表

关系形态	相关研究	样本来源国	目标国家	收购事件	行业	样本量（个）	数据期间	对企业绩效的度量方法	对并购经验的度量方法
正U形关系	Zollo 和 Reuer (2006)	美国	美国	国内	商业银行业	577	调查数据	收购后的会计绩效：并购3年后和并购1年期ROA的差异；收购的金融绩效：收购3年企业的累积非正常回报	焦点收购完成前收购的数量
	Nadolska 和 Barkema (2007)	美国	多国	跨国	多行业	1038	1966～1996年	被收购企业是否依然存在	自1966年起每个企业进行的跨国收购的数量
	Kroll 等 (1997)	美国	美国	国内	采矿业和制造业	209	1982～1991年	事件研究法	二元方法，收购前2～5年有收购行为为1，无为0
	Wright、Kroll、Lado 和 Vanness (2002)	美国	美国	国内	未知	163	1993～1997年	事件研究法	二元方法，收购声明前3年有收购行为为1，无为0
	Zollo 和 Singh (2004)	美国	美国	国内	美国商业银行行业	577	1985～1997年	收购完成3年后收购银行的ROA以及收购银行后收购的ROA	焦点收购前完成的收购数量
无显著关系	Dikova 和 Sahib (2013)	北美和欧洲	多国	跨国	银行业、服务业、制造业、运输业等	1223	2009年和2010年上半年完成的跨国并购	收购完成1个月以后的股票价格和收购声明3个月以前的股票价格百分比的变动	跨国收购经验：焦点的跨国收购发生前3年内完成的跨国收购数目国内收购经验：只考虑国内的收购数目
	Lee 和 Caves (1998)	美国	多国	跨国	未知	125	1980～1990年	收益的变动	二元分析法

续表

关系形态	相关研究	样本来源国	目标国家	收购事件	行业	样本量(个)	数据期间	对企业绩效的度量方法	对并购经验的度量方法
负相关	Haleblian和Finkelstein(1999)	美国	美国	国内	制造业	449	1980.01~1992.12	事件研究法	样本企业完成收购的数目
	Laamanen和Keil(2008)	美国	多国	国内和跨国	制药和生物技术、计算机和办公设备、套装软件、通信设备、测量和医疗设备、电信和保健服务	5518	1990.01.01~1999.12.31	股东的超额市场回报	观察的事件窗之前收购的数量
倒U形	Hayward(2002)	美国	多国	国内和跨国	药品和医疗用品、食品加工、林产品和包装、石油和天然气提炼和生产、区域性银行和电信服务	535	1985~1995年	事件研究方法	从1985年至今企业进行的收购总数

资料来源：笔者根据相关文献整理。

理论上阐明了经验也可能是坏的，并且以权变理论取代了学习曲线，从而把关于并购经验与企业成长关系的认识提升到了一个新的理论高度。他们认为，只有当企业积累了足够丰富的经验，才能将目前进行的并购和以往并购的异同点区分出来，企业并购经验和并购绩效呈现正 U 形关系，并通过实证验证了这一点。Zollo 和 Reuer（2006）通过对美国商业银行企业的国内并购进行研究，得出了与 Haleblian 和 Finkelstein 相同的结论，他们将企业的并购绩效分为金融绩效和会计绩效，分别验证了并购经验和联盟经验对并购绩效的影响，即并购经验和绩效之间不是线性关系，而是正 U 形关系，联盟经验对并购绩效有正向影响。

（三）并购经验和并购绩效之间负相关

还有学者得出了并购经验和并购绩效之间负相关的结论。Kusewitt（1985）对影响企业并购绩效变化的七个战略因子进行研究，包括相对规模、并购率、行业相同性、与市场周期相关的并购时间、支付方式、并购之前并购者的盈利能力和支付价格，通过对 138 个公司超过 3500 个并购事件进行实证研究，得出并购率和并购绩效之间显著负相关的结论，尤其是当企业并购特别频繁的时候，负向影响越显著。Haleblian 和 Finkelstein（1999）从"并购经验—组织行为—结果"的角度出发，将并购经验分为相似的经验和不相似的经验，组织行为分为一般化的组织反馈和差异化的组织反馈，构建一个 2×2 矩阵，分析经验对并购结果的影响，得出当目前并购和前期并购不相似时，企业的并购经验和并购绩效负相关。

（四）并购经验和并购绩效无显著关系

前人在进行关于并购经验和并购绩效关系研究时，因为度量方法、样本的差异等得出了并购经验和并购绩效无显著关系的结论。Kroll 等（1997）研究企业控制权对 CEO 薪酬和并购绩效的影响，控制并购经验对并购绩效的影响，将并购经验设为二元变量，并购声明公布前的 2~5 年企业进行过并购行为的设为 1，没有并购行为的设为 0，实证结果为并购经验和绩效无显著关系。Wright（2002）等用同样的方法定义并购经验，将并购经验作为控制变量，通过对 163 个美国国内并购的样本进行分析，得出并购经验和并购绩效无显著关系的结论。这两篇文献从度量方法上区别于以往对并购经验的度量采取并购次数的方法进行度量，而是对并购经验按二元变量给予赋值，得到经验和绩效之间非显著的关系。Zollo 和 Singh（2004）提出了专门学习的概念，检验并购者并购后不同的管理方法和不同的整合阶段的经验是不是同时与绩效结果相关，通过对 577 个美国国内银行业的并购样本检验，发现并购经验中隐性的知识累积与绩效之间无显著关系。

（五）并购经验和并购绩效之间呈现倒 U 形关系

目前所检索到文献中，并购经验和并购绩效呈现倒 U 形关系的仅有一篇。Hayward（2002）通过对 1985～1995 年美国国内六个行业的 535 个并购样本进行分析发现，高度相似或高度不相似的先前并购经验与焦点并购绩效都是负相关，焦点并购绩效和前期并购的相似性呈现倒 U 形关系。他对经验的度量是从焦点并购与前期并购经验的相似性出发，若前期并购经验高度相似，并购者缺乏应用于所有并购的并购能力；而如果前期并购经验高度不相似，并购者缺乏应用于任何一种专门收购的收购技能。因此，前期并购经验的高度相似与否，焦点并购绩效水平都较低，并购经验和并购绩效之间呈现倒 U 形关系。

从以上分析可以看出，早期关于并购经验和并购绩效的研究多集中于国内的并购，样本多来自发达国家，主要的研究理论为"干中学"理论。通过"干中学"这种学习机制来积累经验，获得并购能力，从而提高并购绩效。但这个理论的前提认为，并购经验都是好的，积累一定的并购经验会对绩效产生积极的影响。Haleblian 和 Finkelstein（1999）从一个新的角度对并购经验对并购绩效的影响进行了分析，提出了权变理论，即并购经验并不一定都是好的，也有可能对并购绩效产生负向影响，从而丰富了并购经验相关的理论研究。但早期关于并购经验对并购绩效的影响并没有得到一致结论，后续学者又对此进行了深入研究。

三、不同类型的并购经验对并购绩效影响

20 世纪 90 年代以前，大多数学者对并购经验的研究都是基于总的并购经验，但学者关于并购经验对并购绩效影响的研究结果没有得到一致结论，很多学者开始深入研究经验对绩效的影响，探讨不同类型的并购经验对并购绩效的影响。

（一）成功或失败的并购经验对并购绩效的影响

理论研究认为，成功或失败的经验对经验学习的结果是不一致的，因为金融、认知或其他组织资源是有限的，成功或失败的经验导致企业对稀缺资源的分配方法不一样，企业无法确定是去开拓现有的活动还是探索新的方式（March，1991）。Hayward（2002）认为，成功的并购经验和巨大的失败经验都不利于企业的下一次并购绩效，因为成功的并购促使企业产生满足感，然后不去寻找更新更好的方案（Cyert 和 March，1963），企业并购的巨大失败也阻碍企业对并购存在的问题进行分析，因为股东会怀疑管理者的能力从而反对进行后续的并购。而小的并购失败会促进学习从而有助于下一次并购绩效变好，企业经历的小的并购失败经验越多，学习的范围就越广。Muehlfeld 等（2012）探讨成功或失败的并购

经验在不同背景下对跨国并购是否完成的影响。他们选取了 1981~2008 年 4973 个新闻行业的跨国并购为样本进行分析，结果表明，成功的经验对并购完成有积极影响，而先前失败的经验和跨国并购完成的可能性之间呈正 U 形关系。

王宛秋和刘璐琳（2015）通过以国内上市公司 1998~2012 年 2606 个并购事件为样本进行分析，采用历次并购后和并购前 ROE 差值的正负作为判断并购成败的标准，结果表明，成功经验对并购后经营绩效的回归系数不显著，失败经验对并购后经营绩效的回归系数显著为正。

（二）并购经验的相似性和多样性对并购绩效的影响

在分类研究中，探讨并购经验的相似性和多样性对并购绩效的影响是最多的，相似性又分为很多种，如目标企业之间的相似性或目标企业和收购企业之间的相似性等。

Haleblian 和 Finkelstein（1999）探讨了在并购目标相似的情况下，经验对绩效的影响。从组织经验的角度出发，他们认为，组织经验的结果依赖于过去并购和现在并购的相似性，这种相似度能决定过去的并购经验是否能应用到新的并购中，文章将过去的经验分为相似的经验和不相似的经验，后续组织行为分为组织反映一般化和差异化，二者构建 2×2 矩阵，考察二者共同影响的并购绩效结果，通过对美国国内 1980~1992 年 449 个并购样本进行 OLS 回归分析发现，当并购经验不相似而企业实施了一般化行为的时候，组织并购经验和并购绩效显著负相关，并购经验和并购绩效的负相关关系会随着并购的增多而发生变化，并购经验和并购绩效之间呈现正 U 形关系，同一企业的并购与前面并购的相似度越高，并购绩效越好。

Finkelstein 和 Haleblian（2002）将心理学中的"转移影响"理论引入组织层面尤其是组织背景分析中，转移影响分为正向的影响和负向的影响，当前后两件事情之间相似度比较高时，正向的转移增加；反之，当两者之间不相同或者只是表面上相似，负向的转移会增加。他们认为，并购企业和目标企业的行业越相似，在并购前的战略分析阶段和并购后的整合阶段，都有利于共享的经验在并购企业到目标企业之间转移，从而产生正向的转移影响。但并购在很多情况下只是在规模、环境、谈判方法等方面存在表面上的相似，实际差异很大。他们选择了 1970~1990 年 192 个符合条件的样本进行实证检验发现，并购企业和目标企业的相似性增加了正向转移的可能性，而每次并购目标之间的差异增加了负向转移的可能性。Hayward（2002）进行了类似的研究并提出，高度相似或高度不相似的先前并购经验与焦点并购绩效都是负相关，当先前的并购经验高度相似时，企业缺乏应用于所有并购机会的一般技能（Levinthal 和 March，1993）；而当先前的并购经验差异较大时，企业又缺乏应用于特殊并购的专门技能。因此，焦点并购绩效和前期并购的相似性呈现倒 U 形关系。Ellis 等（2010）应用转移理论，探索目标企业之间的差异、并购方和目标企业之间的差异和过程相关因子对大型并购绩效的影响。结果表明，前期小型并购的相关经验负向影响了大型并购的绩效，而当企业有大型收购经验的时候，收购经验正向影响了大型收购的绩效，即目标企业之间的相似性促进收购知识的应用，从而提高了焦点收购的绩效。收购方和目标方在产品和地理距离上的差异加剧了小型收购经验对焦点收购绩效的负向影响，即并购方和目标企业之间的差异对焦点并购绩效也有负向影响。

Ismail 和 Abdallah（2013）通过 1985~2004 年英国企业国内并购和跨国并购的 6503 个连续并购样本分析得出，总的并购经验与收购者的并购绩效之间并无显著关系，但焦点并购的支付方式与相同的前期支付方式经验显著正相关，焦点并购的组织结构与收购者前期选择相似组织结构的经验显著正相关。

贾镜渝和李文（2015）以中国企业 527 个海外收购案例为样本，探讨了发展中国家背景下，相关经验如何影响跨国并购成败以及非相关经验、国有股权和政府层级对其的调节作用。结果表明，在发展中国家，积累相关经验对并购成败有着重要意义，然而其作用大小受到非相关经验、国有股权以及政府层级的限制。

从以上分析可以看出，并购经验的相似性存在于目标企业之间的相似性以及并购企业和目标企业的相似性，相似的类别表现在行业相似、支付方式相似、组织结构相似等，学者们还对成功的并购经验和失败的并购经验进行分类研究，但依然没有得出统一结论，并购经验对并购绩效的影响众说纷纭。本书将从并购经验的知识来源出发，对并购经验从全新的视角进行分类，探讨并购经验对并购绩效影响的机制。

第三节 企业自身经验对跨国并购绩效的影响

根据组织学习理论，组织对知识的学习主要通过两种方式来实现：内部经验的传承与外部经验的观察和模仿（Huber，1991），因此组织经验可分为内部经验（Internal Experience）和外部经验（External Experience）。内部经验来源于企业自身，是组织自身从过去的行为中推断、总结和储存的知识所衍生的经验；外部经验是组织通过观察其他组织的行为所感应到的知识，从这些知识积累经验，但并不是所有的组织都是观测的对象，组织对观测和学习的对象有很强的选择性（Haunschild 和 Miner，1997）。以跨国并购的背景为例，跨国公司在进行跨国并购行为时的内部经验包括源于国内并购经验、跨国并购经验以及企业的其他国际化行为所积累的经验。而外部经验包括企业从同行业和同地区的跨国并购中所积累的经验。

一、国内并购经验对跨国并购绩效的影响

选择一个好的并购目标，并对其进行整合，使其很好地融入并购企业是一个很复杂的过程。国内并购经验是企业进行跨国并购所需知识和行为的重要来源（Reuer 等，2004）。通过企业在国内的并购经验，企业学会了如何去寻找、选择、接管和整合目标企业，使其很好地融入并购企业（Barkemaet 和 Vermeulen，1998）。Nadolska 和 Barkema（2007）不仅探讨了国内并购经验对企业是否进行下一次跨国并购的影响，而且分析了国内并购经验对跨国并购绩效的影响。以荷兰的上市企业为样本，以目标企业是否依然存活来代表并购绩效，实证结果表明，国内并购经验和并购绩效之间呈正 U 形关系。Dikova 和 Sahib（2013）在研究文化距离对跨国并购绩效影响的时候，引入并购经验，同时考虑国内并购经验和跨国并购经验对跨国并购绩效的影响，实证结果表明，国内并购经验对跨国并购绩效无显著影响。

二、跨国并购经验对并购绩效的影响

部分学者还专门研究了跨国并购经验对并购绩效的影响。较早涉及国际经验对并购绩效影响的是 Markides 和 Ittner（1994），他们通过对影响国内并购绩效的因素进行分析，从并购交易本身、宏观环境、并购企业的特征、目标企业所在国家的特征四个角度分析了影响跨国并购绩效的因素，其中并购企业的特征包括并购企业的盈利能力和并购企业的国际经验，并购企业的国际经验不仅仅指的是并购经验，而是企业所有国际行为所积累的经验。他们采用二元变量进行度量，在并购声明前，若企业存在国际行为的为 1，否则为 0。通过对 1975～1988 年 276 个美国企业的跨国并购事件进行实证分析，结果表明，企业的国际经验与并购绩效正相关。Lee 和 Caves（1998）从风险的角度分析跨国并购对企业绩效的影响，当面临同样投资机会时，跨国投资面临的风险要远远大于国内投资，而当跨国公司有丰富的经验的时候会降低这个风险，从而提升企业的长期绩效。与 Markides

和 Ittner（1994）相似，Lee 和 Caves 也采用的二元变量度量经验，但在定义经验的时候考虑区域的因素，并购者在该地区有过并购行为被看作有并购经验，将经验的度量进一步具体化。但最终实证结果表明，国际并购经验、地理经验和收益变动呈负相关关系。Meschi 和 Metais（2006）分析了 1988～2004 年法国多个行业的企业在美国实施的 291 个跨国并购样本，他们将企业的并购经验和合资经验结合在一起构成综合投资经验，讨论异质性的国际经验对跨国并购绩效的影响。结果表明，投资经验和并购经验之间密切相关，跨国并购经验正向影响并购绩效，但仅限于在并购声明日期附近，跨国并购经验和并购绩效的关系随着并购声明日期的变化呈现倒 U 形关系。阎大颖（2009）以 2000～2007 年在沪深两地和中国香港上市的非金融类企业发起的海外并购交易为样本，选取经营现金流盈利指标、账面收益盈利指标和股东收益综合指标来综合反映企业的并购绩效，以综合国际经验和跨国并购特有经验来代表企业的并购经验。本书所指的综合国际经验以跨国并购子公司的数量占全部子公司的比例来代表。

从以上分析可以看出，学者关于跨国并购经验对跨国并购绩效的影响进行研究时，多考虑了综合国际经验的影响，但对综合国际经验的界定存在区别。有的学者采用二元变量进行界定，企业存在国际化行为就被认为有综合国际经验（Markides 和 Ittner，1994；Lee 和 Caves，1998），或者以企业在海外子公司的情况代表综合国际经验（阎大颖，2009），这种对综合国际经验的界定非常模糊，本书对企业的综合国际经验进一步细化。

三、综合国际经验对跨国并购绩效的影响

根据组织行为的经验溢出理论，组织其他行为的经验对组织的某个行为是有影响的。组织经验溢出的定义为，组织在执行行为 j 时累积的经验对行为 i 的绩效的影响（Zollo 和 Reuer，2006）。在并购绩效研究中，最早将综合国际经验引入的是 Markides 和 Ittner（1994），他们从国内并购企业的特征出发，将并购企业特征分为并购企业的盈利能力和并购企业的国际经验。并购企业的国际经验不仅指的是并购经验，而是企业所有国际行为所积累的经验。他们采用二元变量进行度量，在并购声明前，若企业存在国际行为的为 1，否则为 0，通过对 1975～1988 年 276 个美国企业的跨国并购事件进行实证分析，结果表明，企业的国际经验与并购绩效正相关。Markides 和 Oyon（1998）探索了跨国公司的国际经验是否影响企业跨国并购的市场回报，通过对美国企业在加拿大和欧洲的 236 个实证并购样本进行检验，采用二元方法对前期国际经验进行定义，结果表明，跨国并购的市场回报与并购前企业的国际经验密切相关。阎大颖（2009）也探讨了综合国际经验对跨国并购绩效的影响，本书所指的综合国际经验以跨国并购子公司的数量占全部子公司的比例来代表，结果表明并购企业的综合国际经验越丰富，中国企业的跨国并购绩效越好。

因此，从以上梳理可以看出，国内并购经验、跨国并购经验和综合国际经验对跨国并购绩效的影响并没有统一结论，但却都有可能对跨国并购绩效产生影响。在研究经验对跨国公司并购绩效的影响的时候，仅仅考虑跨国并购行为的经验是不够的，还需要考虑企业其他相似国际化行为的经验。跨国投资包括新建投资、兼并或收购东道国企业、通过合资或联盟的方式参与东道国企业（Brouther 等，2005；Collins 和 Hitt，2006）。本书对国际联盟经验和国际合资经验对并购行为的影响进行了分析。

（一）联盟经验对跨国并购绩效的影响

联盟行为也是企业多元化战略中比较常用的实施方式，包括产品或市场多元化以及扩张进入一个新的市场（Kogut 和 Singh，1988；Pennings 等，1994；Chang 和 Singh，1999）。联盟是企业获取组织资源的一种比较流行的方式。联盟的经验对并购活动是一种特殊的资源，它可以为并购双方提供如何整合资源的技能，因为联盟经验代表了企业从联盟关系中获取的如何进行资源的积累和资源交换。当进行并购的时候，联盟经验可以帮助并购者改善他们并购整合过程中的战略技能，提高整合效率，有利于整合的过程（Porrini，2004）。Porrini（2004）对1988～1998年美国国内高技术企业和低技术企业的并购行为进行研究，结果表明，高技术和低技术并购企业的联盟经验和并购绩效之间呈现正 U 形关系，而目标企业的联盟经验对并购绩效的影响不显著。Zollo 和 Reuer（2006）研究企业发展过程中战略行为的经验溢出效应，他们认为，两个行为的相似性影响经验溢出的可能性和量级，当两种战略行为太相似或太不相似的时候，决策制定者很容易就能决定是否转移他们积累的经验到另一种行为中，而当相似度为中等时，这种判断就变得极为困难，作出错误判断的可能性增大。他们选择了并购和联盟两种相似的企业战略背景进行研究，通过对美国国内 51 家商业银行的 577 个并购案例进行问卷调查的结果表明，联盟经验对并购绩效有溢出效应，联盟经验和并购绩效之间呈现正 U 形关系。Chang 和 Tsai（2013）考虑并购双方信息不对称对并购绩效的影响，选取美国的国内并购为样本分析得出，收购方和目标方如果在并购之前有联盟经验，并购方在并购后的绩效会比没有联盟经验的更好。

(二) 国际合资经验对跨国并购绩效的影响

国际并购中出现的很多问题的源头在于需要将一个新的企业内化到自己的组织内，也就是不同文化、不同经验和不同规则的员工要工作在一起。国际合资经验帮助企业发展将不同文化的员工融合到一起的能力（Dyer 和 Singh，1998；Anand 和 Khanna，2000）。因此，国际投资经验能够减少企业在不同文化背景下提升自己管理能力所花费的努力和时间，从而帮助企业发展跨国并购的知识和行为，国际合资经验和企业的跨国并购的数量呈正相关。但当国际投资经验过多或过少的时候，国际合资经验和企业的跨国并购成功情况呈现正 U 形关系（Nadolska 和 Barkema，2007）。Barkema 和 Vermeulen（2001）通过对 1964~1996 年近 30 年中 25 家企业的跨国和国内并购进行分析的结果表明，绿色投资经验和并购生存率之间存在负相关关系，合资经验和并购生存情况之间没有任何关系。Meschi 和 Metais（2006）分析了 1988~2004 年法国多个行业的企业在美国的 291 个跨国并购样本，将企业的并购经验和合资经验结合在一起构成综合投资经验，讨论异质性的国际经验对跨国并购绩效的影响，结果表明，国际经验和并购经验之间密切相关。

从以上分析可以看出，国际联盟经验和国际合资经验是企业并购经验的主要来源，对企业的跨国并购行为和绩效有显著影响，但学者们的研究多是以美国等发达国家的跨国公司为样本进行分析，而且在研究的时候没有考虑在不同的并购背景下，这些组织经验对企业并购行为和并购绩效会有什么具体影响。本研究的主要目的是探讨企业的其他国际化行为所积累的经验对企业跨国并购行为的影响，考虑到企业实施跨国联盟和跨国并购的过程差异较大，本书在实证探讨时，仅考虑国际合资这一种企业国际化行为。本书以发展中国家的典型代表中国为研究对象，探索不同背景条件下，国际合资经验对跨国并购行为的影响。

第四节 企业外部学习经验对跨国并购行为的影响

随着信息传播技术以及逆向工程技术的发展，企业通过搭便车获得其他企业新技术和新产品、新商业运行方式信息的可能性越来越大。而企业搭便车的对象往往是与企业存在竞争的同行业企业。通过对同行业竞争者的学习，企业可以快速地掌握新技术和新产品（如 Intel 和 AMD）、新商业运行方式（如 Amazon 的一键校验和 Priceline 的反向拍卖模式）和新服务方式（Gupta，2008）。Merlo 和 Schotter（2003）通过实验发现，观察学习的绩效通常会超过"干中学"，因为通过观察的方式可以在不花实际成本的情况下获得多种可能情境的信息反馈。通过信息搜集或观察的方式获取其他企业的经验已成为当今企业生存与发展的重要手段。特别是对于那些不常发生且十分复杂的企业战略行为（如跨国并购）而言。但跨国并购相关研究中，关于组织外部学习对跨国并购绩效的影响研究较少，多集中于组织从同行业学习和同地区学习。

企业所处的行业就像企业所在的生态环境，企业不仅可以从他们自身的并购经验中学习，还可以从来自同行业的伙伴的经验中学习（Peng 和 Fang，2010）。前期行业相关的并购经验增强了企业的吸收能力，并购企业能更有效地吸收被并购企业的相关信息，从而为股东创造价值（Cohen 和 Levinthal，2003）。Lu（2002）在对日本跨国公司国际扩张的研究中发现，跨国公司对目标市场进入方式的选择，不仅会借鉴自身的国际扩张经验，还会借鉴其他日本企业的同类型经验，特别是行业中盈利性最优的日本企业。Peng 和 Fang（2010）通过对 1997～2007 年中国台湾地区电子行业的跨境并购事件进行研究，讨论同行业的并购经验对企业是否开展下一次并购的影响，结果表明，从同行业的伙伴中学习对并购行为的影响并不显著，但在平行收购的子样本分析的时候，同行业通过人的层面的学习对并购行为的影响是显著正向的，表明同行业的并购经验越多，企业越有可能在这个行业进行下一次并购。

以往的研究证实，文化近似性是企业群体行为的重要维度（Chang 和 Park，2005）。由于具有相同的文化背景，企业可能以近似的视角解读相同的社会事件，那么来自不同国家的企业处理同样问题的解决方式也不同。Henisz 和 Delios（2001）对 1990～1996 年横跨 155 个国家的日本上市公司的 2705 个国际工厂位置选择的样本进行实证研究，验证了当面临不确定性时，其他组织前期的行为和决策会对企业的战略决策有显著影响。而且，日本企业更多地从母国公司的行为和决策中学习，尤其是同行业的企业。Lu（2002）对比了制度理论和交易成本理论对外国子公司进入模式的影响，通过对 1194 个日本子公司的进入模式进行研究的结果表明，相对于频率模仿，结果模仿理论对日本企业的影响更为显著，日本企业更倾向于模仿前期企业成功率更高的行为。在近似的研究中，Guillén（2002，2003）从惯性理论和模仿理论的视角分析了韩国企业进入中国企业的模式，结果表明，来自同一个国家的同行业企业的经验和行为促进了本国企业的扩张率，但行业模仿的影响会随着企业的第一次进入而降低。

中国企业的跨国并购在区域选择和行业选择上存在趋近性,说明中国企业在实施跨国并购中存在从文化相似的企业中学习的可能性,但目前还没有文献对此展开研究,本书将补充这个空白,从跨国公司外部经验学习的视角,以发展中国家为研究背景,分析跨国公司的外部学习对跨国并购绩效的影响。

第五节 组织经验转移中文化距离的作用分析

影响组织活动之间知识传递的因素很多,包括知识本身的因素,如知识表述是否清晰、可教授度以及能否编码,传递过程的因素,如口头传递还是书面传递等(Zollo 和 Singh,2004)。根据组织学习理论,学习的结果与背景密切相关,尤其是其面临一些复杂的、非机构性的任务时(Haleblian 和 Finkelstein,1999;Williams,2007)。在并购中,从先前经验学到的知识不能有效地应用到后续收购行为中,因为很多因素阻碍了经验的有效转移,包括文化差异等(Van 等,2008;Nadolska 和 Barkema,2014)。Markides 和 Oyon(1998)在探索美国企业的无形资产(包括创新能力、广告水平以及前期经验等对跨国并购价值创造的影响)时,考虑到了背景如行业、文化、公司治理水平等的影响,结果表明,背景对跨国并购的绩效有显著影响。

文化距离是影响跨国并购经验传递的一个重要因素。Vaara 等(2012)深入分析了文化差异对跨国并购行为的影响,该研究将文化差异分成了组织文化差异和国家文化差异。结果表明,组织文化差异和国家文化差异都对跨国并购过程中的知识转移产生显著影响。组织学习理论指出,组织经验的学习绩效依赖于环境背景(Argote 和 Miron - Spektor,2011)。当转移的组织双方在相似的文化背景下,知识转移能够做到无缝衔接(Bhagat 等,2002)。另外,文化差异是知识转移的一大阻碍(Bresman 等,1999),因为组织行为和实践活动需要去适应一个新的不同的背景(Barkema 和 Schijven,2008)。这方面的相关研究较少。

Dikova 和 Sahib(2013)在研究文化距离对跨国并购绩效影响时,引入了并购经验。他们认为,文化距离对跨国并购绩效的影响依赖于并购者并购经验的水平。通过对 2009 年和 2010 年上半年 1223 个跨国并购样本进行分析的结果表明,国内并购经验和跨国并购经验对跨国并购绩效都没有显著影响,但跨国并购经验越多,文化距离对并购绩效的影响越显著。Dynah 和 Deepak(2015)将并购经验分为行业相关和地区相关的并购经验，探讨了收购企业和目标企业所在国家文化相似性对行业相关的并购经验在并购绩效方面影响的调节作用。他们选取美国服务业1991~2006年的38个国家222个跨国并购样本进行研究，结果表明，行业相关的并购经验和并购企业股东价值创造呈正相关，文化相似性对行业相关的并购经验和股东价值创造之间的相关关系有正向调节作用，区域相关的并购经验抵消了文化距离对企业利用与行业相关的并购经验的学习和知识来创造股东价值的消极影响。

从以上分析可以看出，以往研究中仅有一篇以文化相似性来研究经验对跨国并购绩效的影响，而且仅限于美国的服务业。在新兴国家跨国并购中，文化背景对经验和跨国并购行为之间关系的调节作用是否依然存在，是本书要检验的内容，而且我们对跨国公司内部和外部的各种类型分别进行检验，讨论不同背景下，哪种类型的经验能够影响企业的跨国并购决策，同时提高企业跨国并购绩效。

第六节 本章小结

综上所述，组织学习是影响组织战略决策和战略行为的重要影响因素，越来越引起理论界和实务界的关注。国内外学者也对此进行了大量研究，分析了组织经验对并购决策、并购完成以及并购绩效的影响，深入讨论了不同类型的组织经验对并购绩效的影响，初步探讨了背景条件的调节作用，但仍然有很多不足：

第一，关于组织经验对并购绩效的影响机制的挖掘不够深入。国内外学者从不同国家、不同行业的样本出发，探讨组织经验对并购绩效的影响，结果表明，组织经验对并购绩效的影响有正相关、负相关、正U形、无显著关系等，但没有得到一致的结论。本书将以新兴国家的跨国并购为样本，分析新兴国家背景下，企业组织经验对跨国并购决策和跨国并购绩效的影响，丰富组织学习的相关理论研究。

第二，企业的国际化行为如国际合资等积累的经验也会对跨国公司跨国并购行为产生影响，是跨国公司内部经验的主要来源之一。但相关研究多是以美国等发达国家的跨国公司为样本进行分析，而由于我国社会经济环境的特殊性，在合资和跨国并购的实施过程中与发达国家有很大不同，那么这些经验对我国跨国公司的跨国并购行为影响如何，是本书要进行分析的。

第三，国内外学者对组织经验的分类研究多是从企业自身的内部经验出发，按照不同的标准进行分类，但大量研究表明，组织外部的经验对企业的跨国并购绩效也是有影响的，如同行业的经验和同区域的经验。中国企业的跨国并购在区域选择和行业选择上存在趋近性，说明中国企业在实施跨国并购中存在从同行业和文化相似的企业中学习的可能性。因此，本书将从跨国公司外部经验学习的视角，以发展中国家为研究背景，分析跨国公司的外部学习经验对跨国并购决策和跨国并购绩效的影响有一定的意义。

第四，从上文分析可以看出，跨国并购中经验转移的背景研究虽然较早有学者提出（Haleblian 和 Finkelstein，1999），但对不同背景进行深入研究才刚刚开始。关于文化背景的研究，有学者以文化相似性来研究经验对跨国并购绩效的影响，但仅限于美国的服务业，对经验的度量也比较笼统（Dynah 和 Deepak，2015）。本书将从知识来源的角度对组织经验分为企业自身经验和外部学习经验，并对企业自身经验和外部学习经验分别进行细化，同时考虑文化距离的交互影响，研究每一种具体经验在不同宏观环境下对跨国并购决策和跨国并购绩效的影响。

第五章　基于元分析的跨国并购过程中组织学习效应研究

经验学习的概念起源于20世纪30年代末的美国教育行业,后应用到生产领域,即企业的"干中学"效应。近年来,经验学习的理论扩展到战略管理领域,尤其是企业跨国投资领域。企业竞争的实质是以竞争优势为基础的企业综合实力的竞争。长期以来,经验学习被认为是克服竞争劣势并建立竞争优势的关键途径。跨国公司在进入国外市场的初期,缺乏关键资源和东道国市场的相关知识,面临着新进入者劣势和外来者劣势等竞争劣势。经验学习是外资企业了解东道国投资环境的重要途径,能够帮助外资企业克服"外来者劣势"。因此,并购经验是影响跨国并购绩效的重要因素,大量学者对并购经验和并购绩效的关系进行了研究。从本书的文献综述可以看出,不同的学者从不同的角度采用不同的样本对并购经验和并购绩效的关系进行研究,得出了不同结论。但企业前期并购行为积累的经验是否能为企业后续并购带来价值,什么因素会对这种关系产生影响,还没有统一的结论,本章将对这个问题进行深入研究。

本章采用Meta分析的方法,对相关文献进行综述,探索影响并购经验和并购绩效之间关系状态的因素。Meta分析方法是定量的文献综述方法,通过合并已有的多种实证研究结果,克服定性研究的不足,客观地寻找影响因素。Meta分析又称为元分析、荟萃分析和数据再分析等,以已发表文献的样本特征、计量方法特征、变量选择和发表特征四个方面为自变量,分析其对效应量的影响。效应量即指衡量变量变动关系的经济指标。某个领域相关实证研究由于样本选择等因素的影响没有得到一致结论,如果采用定性分析的方法对这些文献进行梳理,只是对相关文献的罗列,无法客观深入探讨不一致结论真正的原因。当某项研究已经比较成熟,研究结果没有一致结论,就可以采用Meta分析的方法对这一领域进行分析。采用Meta分析的方法可以科学地找出前人实证研究中的误设定偏倚（Mis-specialization Bias），找到导致不同估计结果的因素，以及这些因素对不一致结论的影响程度。

关于经验和并购绩效之间关系的综述研究比较典型的是 Barkema 和 Schijven。Barkema 和 Schijven（2008）用定性研究的方法，从早期研究和近期研究两个阶段深入探讨了经验。他们研究的内容不仅包括并购经验，还包括对外直接投资经验、联盟经验等对企业并购绩效影响的相关研究，较为全面地分析了企业在并购过程中吸收的经验对并购绩效的影响。King 等（2004）采用 Meta 方法分析了影响收购后绩效的因素，从企业是否为多元化的集团企业、收购是否发生在相关企业之间、收购采用的支付方式，以及是否有收购经验四个角度采用元分析的方法，分析其对并购绩效的影响，结果表明并购经验与并购绩效之间无显著关系。但他们并没有从并购经验对并购绩效的影响进行深入分析，探索并购经验对并购绩效影响结果不一致的原因。本章以涉及并购经验和并购绩效之间关系的文献为样本，从样本层面、变量层面、数据层面、文献特征四个角度出发，采用定量分析的方法对并购经验和并购绩效的关系进行文献综述，探析影响并购经验和并购绩效之间关系状态不一致的原因。

第一节 研究框架和研究假设

一、样本层面的并购经验——企业绩效关系差异的来源

（一）并购发生的范围不同

并购是企业一种不经常性的复杂战略行为，并购过程中的谈判、整合等会面临很多未知的困难。相对国内并购，企业在跨国并购过程中面对陌生的文化和法律背景，企业更倾向于从前期并购行为中吸收经验，从而保证企业后续并购行为和绩效满足要求。因此，并购发生的范围是国内并购还是跨国并购，对并购经验和并购绩效之间的关系有显著影响。Zollo 和 Singh（2004）以美国国内并购为样本，得出经验和绩效之间无显著关系的结论。Meschi 和 Metais（2006）以法国到美国的跨国并购事件为样本，得出并购经验和并购绩效之间呈倒 U 形的关系。Laamanen 和 Kell（2008）以美国为样本来源国，探讨美国的国内并购和跨国并购背景下经验和绩效的关系，得到经验和绩效之间呈负相关的结论。Trichterborn

等（2015）对德国的国内并购进行调查研究，得出并购经验显著正向影响了并购绩效的结论。因此，并购发生的范围是国内并购还是跨国并购，对并购经验和并购绩效之间的关系有显著影响。本书推断：

H1：并购发生的范围是国内并购还是跨国并购，其并购经验与并购绩效之间的关系为无显著关系、线性关系还是二次曲线关系将有显著差异；进一步，若为线性关系，则其为正相关还是负相关将有显著差异。

（二）样本企业所处的行业不同

并购经验对并购绩效相关研究中样本选取的行业没有统一规律，但组织学习的"干中学"理论产生于制造业，"干中学"理论在战略管理中的应用在制造业中也有显著优势。Fowler 和 Schmidt（1989）以美国国内制造业企业的并购事件为样本发现，并购经验与并购绩效显著正相关。Haleblian 和 Finkelstein（1999）同样以美国国内的大型制造业企业为样本，得出并购经验和并购绩效之间是正 U 形关系的结论。Kroll 等（1997）针对美国国内采矿业和制造业的大型并购进行研究，得出两者无显著关系的结论。并购经验和并购绩效相关研究的另外一种典型行业是服务业，Singh 和 Zollo（1999）以美国国内的商业银行业为样本探索经验和绩效之间的关系，得出并购经验和并购绩效之间无显著关系。Zollo 和 Reuer（2010）采用调查研究的方法研究美国商业银行业国内并购中经验和绩效之间的关系，得出两者正 U 形关系的结论。因此，研究样本所处的行业不同，可能对并购经验和并购绩效之间的关系产生影响，本书推断：

H2：样本来源为制造业与服务业，其并购经验与并购绩效之间的关系是无显著关系、线性关系还是二次曲线关系将有显著差异；进一步，若为线性关系，则其为正相关还是负相关将有显著差异。

（三）样本容量不同

样本中包含的观测值的多少，对检验结果的置信度有显著影响。Hutzschenreuter 等（2014）对 65 个美国国内的并购事件进行研究，得出并购经验和绩效正相关的结论。Meschi 和 Metais（2006）以 291 件法国到美国的跨国并购事件为样本，实证检验得出经验和绩效之间呈现倒 U 形关系的结论。Nadolska 和 Barkema（2014）对 1038 个荷兰企业的跨国并购为样本，分析得出经验和绩效之间呈现正 U 形关系的结论。因此，研究中样本容量的多少，对并购经验和并购绩效之间的关系产生影响，本书推断：

H3：样本容量的多少会影响并购经验和并购绩效之间的关系是无显著关系、线性关系还是二次曲线将关系有显著差异；进一步，若为线性关系，则其为正相关还是负相关将有显著差异。

(四) 并购是否发生在发达国家之间

并购绩效的结果取决于并购双方的协同效应,参与并购的并购企业和目标企业的协同效应越好,并购越容易取得较好的结果。发达国家的并购交易活动有上百年的历史,国家法规和企业制度的约束比较完善,企业操作的并购实例丰富,积累了丰富的经验,因此并购双方是否都为发达国家企业对并购经验和并购绩效的关系状态会有显著影响。Kroll 等(1997)、Singh 和 Zollo 等(1999)对美国国内的并购进行研究,得出经验和绩效无显著关系的结论。Markids 和 Oyon(1998)分析了美国到加拿大和欧洲的跨国并购,得出经验和绩效之间呈正相关关系。Muenlfeld 等(2012)以多国间的综合跨国并购样本进行分析,得出经验和绩效之间无显著关系。因此,本书推断:

H4:并购双方是否都为发达国家企业对并购经验与并购绩效之间的关系是无显著关系、线性关系还是二次曲线关系将有显著差异;进一步,若为线性关系,则其为正相关还是负相关将有显著差异。

(五) 样本观测年数不同

并购经验和并购绩效的相关研究中,样本所观测的年数有很大差异,最小的为1年,最大的为32年。Fowler 和 Schmidt(1989)用4年的数据验证了经验和绩效之间正相关的关系。Kusewitt(1985)用9年的数据得出了并购经验和绩效之间负相关的关系。而 Haleblian 和 Finkelstein(1999)用12年的数据得出并购经验和并购绩效之间是正 U 形关系的结论。因此,本书推断:

H5:研究所采用样本观测的年数不同,对并购经验和并购绩效之间的关系是无显著关系、线性关系还是二次曲线关系将有显著差异;进一步,若为线性关系,则其为正相关还是负相关将有显著差异。

二、变量层面的跨国并购经验——企业绩效关系差异的来源

(一) 对并购绩效测量方法的不同

对并购绩效的测量方法主要包括非正常市场回报(事件研究法)、会计研究法、收购企业是否还存在和主观测量法。其中,事件研究法是常用的方法,该方法将企业并购公告的发布时期作为特定事件,而特定事件前后时间称之为事件窗,则企业在特定事件前后两个事件期内超额收益的变化就是企业并购绩效的反映。会计研究法又称为财务绩效法,是借助发生并购行为企业的财务报表和会计数据,对比分析企业发生并购前后的成本、收益是否发生明显的改善来判断企业并购绩效变化的一种方法。并购经验和并购绩效的相关研究中比较典型的是这两种方法,个别研究采用了主观测量和并购公司是否存在的方法,本书予以忽略。Wright 等(2002)、Porrini(2004)等采用事件研究法测量并购绩效得出经验和绩效之间无显著关系的结论。Suh 等(2013)采用并购企业的资产回报率(ROA)来度量并购绩效,得出并购经验和并购绩效显著正相关。本书推断:

H6:研究对企业并购绩效所采用的测量方法不同,对并购经验和并购绩效之间的关系是无显著关系、线性关系还是二次曲线关系将有显著差异;进一步,若为线性关系,则其为正相关还是负相关将有显著差异。

对并购绩效的测量还有一个角度值得分析,并购绩效是短期绩效还是长期绩效。采用事件研究法度量并购绩效,由于时间窗的间隔不同,既可以度量短期绩效也可以度量长期绩效,而财务绩效法一般用来度量企业并购后的长期绩效。短期绩效一般通过并购声明公布前后股票价格的变化来度量,反映并购行为是否为股东创造价值,但这个方法忽略了并购后期的整合过程;长期绩效一般以并购后 3~5 年内财务绩效的变化来度量并购是否为企业创造价值。两种绩效周期的差异对经验和绩效之间的关系也有影响。Fowler 和 Schmidt(1989)度量了并购的长期绩效,得出经验和绩效呈现正相关关系的结论。Leshchinskii 和 Zollo(2004)采用事件研究法度量了企业并购的短期绩效和长期绩效,结果表明,并购经验显著影响了企业并购的长期绩效。Zollo 和 Reuer(2010)采用会计绩效和金融绩效度量了并购的长期绩效,得出并购经验和并购绩效呈现正 U 形关系的结论。Meschi 和 Metais(2006)以事件研究法度量了企业的短期绩效,得出经验和绩效之间呈现倒 U 形关系的结论。Ismail 和 Abdallah(2013)也分析了企业的短期绩效,得出经验和绩效之间无显著关系。本书推断:

H7:并购绩效的度量是采用长期绩效还是短期绩效,对并购经验和并购绩效之间的关系是无显著关系、线性关系还是二次曲线关系将有显著差异;进一步,若为线性关系,则其为正相关还是负相关将有显著差异。

(二)对并购经验的测量方法不同

对并购经验的测量方法集中为两种:第一种方法为以焦点并购前企业进行的并购次数来代表并购经验;第二种方法为二元方法,以企业在焦点并购前是否存在并购行为来代表并购经验。两种方法的基本原理相同,但计量有较大差异。Haleblian 和 Finkelstein(1999)、Zollo 和 Reuer(2010)、Nadolska 和 Barkema(2014)以焦点并购前完成的并购数量代表并购经验,得出并购经验和并购绩效呈正 U 形关系的结论。Laamanen 和 Keil（2008）以观察的事件窗之前的并购数量代表并购经验，得出经验和绩效呈负相关关系的结论。Markids 和 Oyon（1998）以二元分析法来代表经验，得出经验和绩效之间呈正相关关系的结论。因此，本书推断：

H8：研究对并购经验所采用的测量方法是次数还是二元方法，对并购经验和并购绩效之间的关系是无显著关系、线性关系还是二次曲线关系将有显著差异；进一步，若为线性关系，则其为正相关还是负相关将有显著差异。

（三）是否控制目标企业和收购企业的相关性

并购企业和目标企业的相关性是影响并购绩效的重要因素。组织学习中的转移理论关注转移的影响，即前期经验影响后面收购的过程。当并购双方行业相关或不相关的时候，会影响经验的转移效果，从而影响并购经验和并购绩效之间的关系。大多数研究中相关性指的是并购双方行业的相关性，Markides 和 Ittner（1994）认为收购发生在同一行业，或者收购分享相似的产品技术或市场份额为相关收购。他们控制了行业的相关性，得出并购经验和并购绩效之间正相关的结论。Meschi 和 Metais（2006）控制了收购方和目标方行业的相似性，得出经验和绩效之间呈现倒 U 形关系的结论。Ismaila 和 Abdallah（2013）同样控制了收购方和目标方行业的相关性，得出了经验和绩效之间无显著关系的结论。

部分研究涉及到区域或市场的相关性。Singh 和 Zollo（1999）在研究经验对绩效的影响时，控制了两个组织在地理维度上的相关性，得出并购经验和并购绩效之间无显著关系的结论。Zollo 和 Reuer（2010）控制了地理位置上的相关性，将交易分为市场内交易和市场外交易，得出经验和绩效之间呈正 U 形关系的结论。因此，本书推断：

H9：研究是否控制了并购双方的相关性，对并购经验和并购绩效之间的关系是无显著关系、线性关系还是二次曲线关系将有显著差异；进一步，若为线性关系，则其为正相关还是负相关将有显著差异。

（四）并购经验是否为主变量

由于文献的局限性，本书在分析并购经验和并购绩效关系时，不仅考虑了并购经验作为自变量的文献，还将并购经验作为调节变量和控制变量的文献也纳入分析。并购经验作为主变量的文献，主要分析并购经验对并购绩效的影响，有效控制了其他有可能对二者关系产生影响的因素，相对于并购经验作为调节变量或控制变量出现的文献，研究结果更为显著。Fang 等（2015）、Trichterborn 等（2015）以并购经验为控制变量，检验得出经验和绩效之间呈正相关关系的结论。

Hayward（2002）、Meschi 和 Metais（2006）以并购经验为主变量研究并购经验和并购绩效之间的关系，得出倒 U 形关系的结论。因此，本书推断：

H10：并购经验在相关研究中是否为自变量，对并购经验和并购绩效之间的关系是无显著关系、线性关系还是二次曲线关系将有显著差异；进一步，若为线性关系，则其为正相关还是负相关将有显著差异。

三、数据层面的跨国并购经验——企业绩效关系差异的来源

（一）数据来源不同

本研究的数据来源主要包括二手数据、调查研究以及二手数据和调研数据结合。并购相关二手数据的主要来源是汤姆森金融并购数据库（SDC）或 Zephyr 并购数据库，调研数据主要通过面对面访谈、邮件调研等方式。只使用二手数据，有些变量的信息可能无法获得，但仅仅采用调研数据，又会忽略企业的前期并购相关信息。Singh 和 Zollo（1999）通过实地调研和问卷搜集的面板数据分析得出，总的并购经验和并购绩效之间无显著关系，而相关经验和绩效之间呈正相关关系。Ismail 和 Abdallah（2013）通过来自 SDC 数据库的二手数据的分析得出，并购经验和并购绩效之间无显著关系。因此，数据来源不同，经验和绩效之间的关系会有差异，我们推断：

H11：研究数据的来源是二手数据还是实际调研，对并购经验和并购绩效之间的关系是无显著关系、线性关系还是二次曲线关系将有显著差异；进一步，若为线性关系，则其为正相关还是负相关将有显著差异。

（二）数据处理方法不同

数据处理时采用的方法不同，假设条件和约束条件都会存在差异，这种差异也有可能导致并购经验对并购绩效影响结果的差异。本书大多数研究采用的 OLS 回归，Lee 和 Caves（1997）、Ellis 等采用 OLS 回归得出经验和绩效之间负相关的结论。Hutzschenreuter 等（2014）采用 OLS 回归分析得出并购经验正向影响了并购绩效。Muenhifeld 等（2012）采用二元 Logit 回归分析的方法得出总的并购经验和并购绩效无显著关系。因此，采用的数据处理方法不同，可能对并购经验和并购绩效之间的关系产生影响，本书推断：

H12：采用 OLS 回归与采用其他数据处理方法，对并购经验和并购绩效之间的关系是无显著关系、线性关系还是二次曲线关系将有显著差异；进一步，若为线性关系，则其为正相关还是负相关将有显著差异。

四、文献层面的跨国并购经验——企业绩效关系差异来源

(一) 发表年份不同

本书搜集到的关于并购经验和并购绩效之间关系研究最早的文献发表于1985年。文献发表的年份不同,当年的组织学习对绩效的研究倾向会有差异,学者对经验和绩效的研究也更为细致深入。因此,发表年份不同,可能对并购经验对并购绩效之间的关系产生影响。本书推断:

H13:文献发表的年份不同,对并购经验和并购绩效之间的关系是无显著关系、线性关系还是二次曲线关系将有显著差异;进一步,若为线性关系,则其为正相关还是负相关将有显著差异。

(二) 期刊水准和影响因子不同

期刊的影响力水平不同,在对研究结果进行取向的时候可能有不同的倾向。一般情况下,研究得越深入,考虑问题越全面,结果创新性越强,越容易被高级别期刊所录取。因此,期刊的水准和影响因子不同,对经验和绩效的结果也有影响。本书推断:

H14:文献所发表期刊的影响因子不同,对并购经验和并购绩效之间的关系是无显著关系、线性关系还是二次曲线关系将有显著差异;进一步,若为线性关系,则其为正相关还是负相关将有显著差异。

第二节 研究方法和变量编码

一、研究文献的选择

在进行 Meta 分析之前,要进行文献的收集和筛选,保证样本文献的全面、完整和来源多样。本章的文献搜集数据库主要为 EBSCO 电子期刊全文数据库和 ABI 经济管理期刊全文数据库,部分文献在这两个数据库无全文,通过谷歌学术进行补充,本章的样本书献来源如下:

(1) 以"acquisition experience""acquisition performance"为关键词搜索题名、摘要、除全文外的其他关键词,其中 acquisition 可更换为"mergers and acquisition"或"M&A"以及它们的复数形式,尽可能全面搜集以"并购经验"和

"并购绩效"为关键词进行研究的文献,由于文献数目并不太多,因此并没有控制期刊的等级。

(2)以"acquisition""mergers and acquisition"或"M&A"为关键词搜索题名、摘要、除全文以外的其他关键词,由于这一步文献较多,在选择文献时,对期刊进行了筛选,选择了 AMJ、JCF、JF、JFE、JF&QA、JIBS、JWB、SMJ 等管理和金融类级别较高的期刊,对这一步的文献进行粗略阅读,文章中存在对并购经验和并购绩效之间关系进行研究的予以保留。

(3)将前两步搜集到的文献进行合并,去除重复的文章,初步阅读题目和摘要。这一步主要做了两项工作,分别为找出与两个主变量相关的综述文献以及密切研究并购经验和并购绩效之间关系的核心文献。

(4)在对综述文献和核心文献仔细阅读的基础上,从二者的参考文献中进一步补充与研究相关的文献。通过以上四步,获得并购经验和并购绩效之间关系研究的初始文献。

获得初始文献后,根据以下原则对文献进行筛选:

(1)Meta 回归分析要求必须是产生定量结果的实证分析,因此首先剔除非定量研究的理论性和综述性文章。

(2)必须计算出并购经验和并购绩效的回归系数。

(3)同一研究对象的多个研究只选择一个文献进行研究。

最终得到 56 篇相关研究文献,分别来自于 AMJ(4)、ASQ(2)、AE(2)、EMJ(1)、GJOBR(1)、JEG(1)、JHTMR(2)、JIBS(7)、JIM(1)、JM(1)、JMS(2)、JWB(4)、IBR(1)、MIR(1)、MD(2)、SMJ(18)、JF(2),另外有 4 篇工作论文。

二、变量设置和编码

(一)自变量

自变量来自研究的描述项,分别为样本层面、变量层面、数据层面和文献层面的描述项。具体设置如下:

1. 样本层面

并购发生的范围不同。企业的并购行为是国内并购还是跨国并购,对并购经验和并购绩效之间的关系有显著影响,设置"跨国并购"为哑变量,当并购活动为跨国并购时编码为 1,国内并购编码为 0。样本企业所处的行业不同。样本企业所处的行业分为制造业、服务业和其他行业三大类,没有阐述清楚什么行业的也放到第三类里面。设置两个哑变量：当样本为制造业企业的时候，"制造业"变量编码为1，否则为0；当样本为服务业企业的时候，"服务业"变量编码为1，否则为0。样本容量的多少。设置"样本容量"变量，选取实证研究中样本量的数值。并购是否发生在发达国家之间，以"发达国家之间"为哑变量，并购的收购方和目标方都为发达国家为1，发达国家内部的并购也记为1，其余的并购事件记为0。样本观测年属不同，"样本观测年数"变量即研究数据的时间跨度。

2. 变量层面

对企业绩效的测量方法不同。设置"企业绩效测量方法"哑变量，当企业绩效的测量方法为事件研究法时为1，其余为0；另外，考虑绩效是短期绩效还是长期绩效，设置"长期绩效"哑变量，企业绩效为长期绩效记为1，短期绩效为0。并购经验的测量方法不同。设置"并购经验"哑变量，当并购经验的测量为前期并购的次数时，记为1，其余为0。是否控制目标企业和并购企业之间的相关性。分两个变量，第一个设置"行业相关性"哑变量，控制了并购双方的行业相关性时为1，否则为0；第二个变量是"区域相关性"哑变量，控制了并购双方地理位置或区域的相关性为1，否则为0。并购经验是否为主变量，设置"是否主变量"哑变量，在文献中并购经验作为自变量则为1，并购经验作为调节变量或控制变量则为0。

3. 数据层面

数据来源不同，设置"数据来源"哑变量，当并购数据来源为二手数据时记为1，并购数据来源是调查研究或问卷等其他渠道的为0。数据处理方法不同，设置"数据处理方法"哑变量，当研究中适用的数据处理方法为普通最小二乘法（OLS）回归时，编码为1，否则为0。

4. 文献层面

文献发表年份不同，设置"文献发表年份"变量，以研究相关文献发表的年份为变量具体取值。期刊水准和影响因子不同。定义"期刊影响因子"变量，以期刊的影响因子来衡量期刊的影响力，本书选择2015年所选期刊的影响因子为变量值，工作论文的影响因子取为其余文献影响因子的均值。

（二）被解释变量

被解释变量包括三类，分别为：并购经验和并购绩效关系是无显著关系、线性关系还是二次曲线关系，采用多项选择的Logit模型分析，因变量为多分变量，无显著关系、线性关系和二次曲线关系分别取值为1、2、3；并购经验和并购绩效的关系是正相关还是负相关，采用Logit回归模型分析，因变量为二元变量，正相关关系为1，负相关关系为0；并购经验和并购绩效线性关系的强度分析，采用多元回归分析，因变量为线性回归系数的绝对值。

第三节 Meta 回归结果分析

一、无显著关系、线性关系还是二次曲线关系的影响因素分析

采用多项 Logit 分析模型来分析并购经验与并购绩效之间是无显著关系、线性关系还是二次曲线关系，对这三种关系分别编码为1、2、3，第一次多项 Logit 分析以无显著关系为控制类别，分析线性关系、二次曲线与其的关系。

由表5-1可以看出，①样本层面，行业差异并购经验和并购绩效之间关系状态有显著影响，以服务业为样本的研究更容易得到显著的线性关系，是无显著关系的15.959倍。并购发生在发达国家之间对关系形态也有显著影响，与预期一致，发达国家之间的并购呈现线性关系的可能性是无显著关系的4.581倍。②变量层面，企业绩效的测量方法对并购经验和并购绩效的关系是线性、二次曲线有显著影响。相比无显著关系，采用事件研究法测量企业绩效更容易得到线性相关的关系，采用事件研究法测量企业绩效，得到线性关系的可能性是无显著关系的6.379倍。另外一个变量层面的显著因素是变量是否主变量，变量为控制变量更容易呈现无显著关系，而变量是主变量更容易得到线性相关关系。③方法层面，是采用二手数据还是调研数据，对并购经验和并购绩效之间的关系无显著影响。而数据处理方法对关系状态是二次曲线、线性相关还是无显著关系都有显著影响，得到线性关系的可能性是无显著关系的22.511倍。④期刊层面，期刊影响因子对关系状态是线性还是二次曲线有显著影响（$\beta = 10.544$，$p = 0.034$），说明二次曲线的相关研究一般有较高的创新性，容易发表在高级别的期刊上。

表5-1 并购经验-并购绩效之间关系状态的影响因素

调节变量		线性/无显著		二次曲线/无显著		线性/二次曲线	
		β	exp(β)	β	exp(β)	β	exp(β)
样本层面	跨国并购	-1.969^+ (0.147)	0.140	-2.050^+ (0.127)	0.129	0.711 (0.468)	2.036

续表

	调节变量	线性/无显著		二次曲线/无显著		线性/二次曲线	
		β	exp（β）	β	exp（β）	β	exp（β）
样本层面	制造业	0.693 (0.507)	2.000	-0.799 (0.478)	0.450	-1.099* (0.081)	0.333
	服务业	2.770** (0.044)	15.959	1.894 (0.290)	6.646	-0.916 (0.471)	0.400
	样本容量	-0.001+ (0.146)	0.999	-0.001+ (0.144)	0.999	0.002 (0.312)	1.002
	发达国家之间	1.522* (0.071)	4.581	1.299 (0.276)	3.666	-0.223 (0.819)	0.800
	样本观测年数	-0.007 (0.873)	0.993	-0.028 (0.648)	0.972	0.034 (0.232)	1.035
变量层面	企业绩效测量方法	1.853* (0.091)	6.379	0.478 (0.745)	1.613	-1.030+ (0.127)	0.357
	长期绩效	-0.409 (0.540)	0.664	-0.065 (0.952)	0.937	0.345 (0.324)	1.412
	并购经验	-1.367 (0.377)	0.255	-17.752 (0.645)	0.000	-0.762 (0.307)	0.467
	行业相关性	-0.223+ (0.143)	0.800	-0.916 (0.165)	0.400	-0.693 (0.556)	0.500
	区域相关性	0.170 (0.813)	1.185	0.575 (0.650)	1.777	0.405+ (0.132)	1.499
	是否主变量	1.012** (0.014)	2.751	-0.693 (0.258)	0.500	0.223+ (0.143)	1.250
方法层面	数据来源	-0.519 (0.526)	0.595	-0.182 (0.677)	0.834	0.336 (0.183)	1.399
	数据处理方法	3.114* (0.088)	22.511	3.359 (0.149)	28.760	-1.925* (0.083)	0.146
	文献发表年份	0.016 (0.702)	1.016	-0.008 (0.696)	0.992	-0.035 (0.681)	0.966
	期刊影响因子	-0.159 (0.658)	0.853	-0.266 (0.583)	0.766	-0.544** (0.034)	0.580

续表

调节变量	线性/无显著		二次曲线/无显著		线性/二次曲线	
	β	exp（β）	β	exp（β）	β	exp（β）
常数	4001.699 （0.813）	0.000	-483.723 （0.629）	0.000	-4805.729 （0.066）	0.000
Cox 和 Snell 统计量	0.788					
似然比检验	79.165***					
N	88					

注：①采用多项 Logit 模型进行分析，无显著关系、一次曲线、二次曲线分别取值1、2、3，在具体操作时，先控制第一类别，研究一次曲线和二次曲线相对于无显著关系的影响，第二部控制第二类别，分析二次曲线相对于一次曲线的关系；②括号内数值为 p 值；③+代表 0.15 显著性水平，*表示 0.10 显著性水平，**表示 0.05 显著性水平，***表示 0.01 显著性水平。

资料来源：笔者整理计算得出。

二、正相关还是负相关以及相关关系强度的影响因素分析

如表 5-2 所示，采用 Logit 回归分析的方法，以并购经验和并购绩效之间关系是正相关还是负相关为因变量，其中正相关编码为 1，模型 1 至模型 4 分别选择样本层面、变量层面、数据层面和文献层面的因素为自变量进行 Logit 回归，模型 5 为全模型。结果显示：①样本层面，跨国并购得到正线性关系的可能性更大（β=1.214，$p<0.1$），样本容量越大，并购经验和并购绩效之间越容易呈现正线性相关关系（β=0.002，$p<0.15$）。并购发生在发达国家之间对经验和绩效的关系形态在全模型中也有显著影响，发达国家有较长的并购历史，积累了丰富的并购经验，并购发生在发达国家之间，经验更容易提升企业并购绩效，呈现正相关关系。②变量层面，并购经验的测量方法对并购经验和绩效之间是正相关还是负相关有显著影响（β=-1.625，$p<0.15$），是否控制并购企业和目标企业的相关性，无论是行业相关还是区域相关，都对并购经验和并购绩效之间的正负相关关系有显著影响，这表明并购企业和目标企业的相关性时影响经验和绩效之间关系的重要因素。③数据层面，数据来源和数据处理方法在模型 2 中对相关关系的正负无显著影响，在全模型中有负向的显著影响。④文献层面，在模型 4 中文献发表年份对并购经验和并购绩效之间的关系呈现正向显著关系（β=0.030，$p<0.1$），说明近些年发表的文献更容易呈现正相关的结果。

表5-2 并购经验-并购绩效之间正负关系的Logit分析

	调节变量	模型1	模型2	模型3	模型4	模型5
样本层面	跨国并购	1.214* (0.087)	—	—	—	1.662** (0.047)
	制造业	0.577 (0.195)	—	—	—	1.635+ (0.134)
	服务业	1.120 (0.158)	—	—	—	1.508 (0.247)
	样本容量	0.002+ (0.140)	—	—	—	-0.086 (0.337)
	发达国家之间	0.027 (0.285)	—	—	—	3.477** (0.022)
	样本观测年数	-0.014+ (0.107)	—	—	—	-6.714 (0.097)
变量层面	企业绩效测量方法	—	-22.000 (0.287)	—	—	3.006* (0.093)
	长期绩效	—	-20.864 (0.671)	—	—	5.482 (0.471)
	并购经验	—	-1.625+ (0.139)	—	—	4.377 (0.618)
	行业相关性	—	-1.080+ (0.112)	—	—	4.022* (0.094)
	区域相关性	—	0.196** (0.041)	—	—	3.133** (0.027)
	是否主变量	—	0.611 (0.632)	—	—	5.037 (0.473)
方法层面	数据来源	—	—	-1.359 (0.155)	—	-1.749+ (0.115)
	数据处理方法	—	—	0.160 (0.436)	—	0.076 (0.342)

续表

调节变量		模型1	模型2	模型3	模型4	模型5
文献层面	文献发表年份	—	—	—	0.030* (0.051)	0.057 (0.098)
	期刊影响因子	—	—	—	−0.230 (0.354)	−0.171* (0.154)
常数		0.083 (0.165)	23.903 (0.322)	1.505+ (0.111)	−58.927 (0.461)	−83.32 (0.176)
Cox 和 Snell 统计量		0.193	0.244	0.054	0.049	0.712
N		68	68	68	68	68

注：①因变量为线性关系的正负，是二分变量，正相关为1；②括号内数值为p值；③+代表0.15显著性水平，*表示0.10显著性水平，**表示0.05显著性水平，***表示0.01显著性水平。

资料来源：笔者整理计算得出。

根据表5-3，以并购经验和并购绩效之间一元线性相关关系系数的绝对值为因变量进行多元线性回归分析，分析各种因素对线性相关关系强度的影响。结果如下：①样本层面，跨国并购显著正向调节了并购经验和并购绩效之间的负向关系（β=−0.370，p<0.15），表明企业并购为跨国并购，并购经验和并购绩效之间的直线相关关系越平缓，而发达国家之间显著正向调节了这个关系（β=0.390，p<0.1），表明并购发生在发达国家之间，并购经验对并购绩效的直线关系更为陡峭，随着经验的变化，绩效的变动更为明显，再次印证了并购经验在发达国家背景下对并购绩效的影响效果更为明显。②变量层面，企业绩效的测量方法对并购经验和并购绩效之间线性关系的强度有负向显著的调节影响（β=−0.690，p<0.15），企业绩效的测量方法采用事件研究法，并购经验和并购绩效之间的线性关系的强度较为平缓。并购经验的测量方法也对经验和绩效之间线性关系的强度有显著影响（β=0.806，p<0.1），采用前期并购的次数度量并购经验，并购经验和并购绩效之间的线性关系更为陡峭。③数据层面，数据来源和数据处理方法对并购经验和并购绩效之间线性关系强度都没有明显的显著影响。④文献层面，全样本分析中，文献发表年份对并购经验和并购绩效之间的线性关系强度有负向的调节影响（β=−0.090，p<0.05），文献发表年份越近，并购经验和并购绩效的相关关系越平缓。

表 5-3 并购经验-并购绩效之间线性关系强度的多元回归分析

调节变量		模型 1	模型 2	模型 3	模型 4	模型 5
样本层面	跨国并购	-0.370+ (0.113)	—	—	—	1.265* (0.067)
	制造业	0.089 (0.227)	—	—	—	0.914 (0.291)
	服务业	0.017* (0.085)	—	—	—	-2.333+ (0.100)
	样本容量	0.003 (0.219)	—	—	—	0.003+ (0.120)
	发达国家之间	0.390* (0.077)	—	—	—	1.446* (0.095)
	样本观测年数	-0.014 (0.372)	—	—	—	0.01* (0.064)
变量层面	企业绩效测量方法	—	-0.690+ (0.102)	—	—	-0.117 (0.210)
	长期绩效	—	-0.647 (0.339)	—	—	-0.133+ (0.108)
	并购经验	—	0.806* (0.080)	—	—	1.735** (0.047)
	行业相关性	—	-0.545 (0.232)	—	—	-0.706+ (0.149)
	区域相关性	—	0.515 (0.238)	—	—	1.396* (0.092)
	是否主变量	—	0.278* (0.065)	—	—	-1.185** (0.035)
方法层面	数据来源	—	—	-0.448 (0.303)	—	-0.849+ (0.148)
	数据处理方法	—	—	-0.495 (0.305)	—	0.377 (0.168)
文献层面	文献发表年份	—	—	—	-0.516 (0.311)	-0.090** (0.036)
	期刊影响因子	—	—	—	0.005 (0.162)	-0.145 (0.509)

续表

调节变量	模型1	模型2	模型3	模型4	模型5
常数	0.370 (0.239)	0.091+ (0.121)	0.478 (0.394)	-9.306 (0.240)	179.198** (0.037)
R2	0.255	0.199	0.063	0.004	0.587
调整R2	0.281	0.001	0.004	0.000	0.046
N	68	68	68	68	68

注：①因变量为线性回归系数的绝对值，是连续变量；②括号内数值为p值；③+代表0.15显著性水平，*表示0.10显著性水平，**表示0.05显著性水平，***表示0.01显著性水平。

资料来源：笔者整理计算得出。

第四节 研究结论与不足

一、研究结论

最早对并购经验和并购绩效之间关系进行实证研究的是Lubakin（1983），他得到了并购经验和并购绩效之间无显著关系的结论。后续很多学者对此展开研究，但没有得到一致结论。本章以"并购经验－并购绩效"相关研究的文献为样本，采用定量文献分析的Meta分析方法，从样本层面、变量层面、数据层面和文献层面四个角度，采用多重误设定偏倚分析的方法，分析并购经验和并购绩效之间关系不一致的影响因素，结论总结如下：

（1）从并购发生的范围来看，企业跨国并购过程中，前期并购经验的影响更为显著，且为正线性关系，表明相对于国内并购经验，企业在"走出去"过程中，面对不同的文化和法律背景，会更依赖前期实施并购的经验。企业在实施跨国并购过程中通过组织学习积累的经验，对后续的跨国并购的目标选择、谈判及整合都会产生积极作用，从而对跨国并购绩效产生正向影响。

（2）从行业和国家属性来看，相对于制造业的跨国并购多以技术为目的，以服务业为样本的企业跨国并购的原因更为复杂，操作难度更高。有前期经验的企业在实施跨国并购的过程中能够有效地应对各种突发问题，规避风险，提高跨国并购绩效。与预期一致，发达国家之间的并购中并购经验和绩效的关系更为密切，发达国家有较长的并购历史，积累了丰富的并购经验，并购发生在发达国家之间，并购经验对并购绩效的影响更为显著。

（3）从跨国并购绩效的测量方法来看，事件研究法对研究结果影响更为显著，并购经验的测量方法对关系形态是正相关还是负相关有显著影响，而且并购经验的测量方法还影响了相关的强度。采用前期并购的次数度量并购经验，并购经验和并购绩效之间的线性关系更为陡峭。这说明随着经验的增加，并购绩效的增加更为显著；也说明在跨国并购经验和绩效之间关系的实证研究中，学者要注重测量方法的选择，使研究结果更贴合实际。

（4）并购双方是否相关也是影响并购经验和并购绩效直接关系的重要因素。无论是行业相关还是区域相关，都对并购经验和并购绩效之间的正负相关关系有显著影响。当并购双方属于同一行业时，经验的传递更容易产生积极的效果，故跨国并购成功率更高，这也符合经验学习中的模仿学习理论，企业更容易从同行业企业的经验中学习，从而影响跨国并购决策和绩效。同时，当并购发生在相同区域时，由于地理位置上的相关性，在文化、法律等方面存在相通性，企业更容易降低交易成本，提升跨国并购绩效。

二、研究不足

本书创新性地采用 Meta 分析的方法，对并购经验和并购绩效的相关研究进行定量的文献综述，探索影响经验和绩效之间关系状态的因素，并对所选取因素的调节效应的大小和方向进行比较，为后续学者深入分析并购经验对并购绩效的影响提供新的研究视角。

本章的研究还存在一些局限性。第一点是文献选取方面，由于并购经验和并购绩效的相关研究还欠成熟，将经验作为主变量研究的文献不足以支撑本书的实证结果，本书将文献扩充到并购经验作为调节变量或控制变量来对并购绩效产生影响的文献。考虑到这一点，后续分析中，笔者还纳入了"并购经验是否为主变量"这一影响因子。第二点是没有对二次曲线是正 U 形还是倒 U 形进行分析，并购经验和并购绩效的关系结果呈现二次曲线的文献还较少，尤其是呈现倒 U 形的文献仅有两篇，因此本章没有纳入考虑，留待后面进一步挖掘和分析。

第六章 我国企业跨国并购的动态分析

第一节 我国企业跨国并购的发展历程

随着时间的演变，跨国并购已经成为中国企业对外直接投资最重要的方式。中国企业的跨国并购发展历程与政府对外直接投资的政策密切相关，政府政策引导了中国企业海外并购的整个发展历程。从20世纪70年代末中国实施改革开放以来，中国政府对中国企业跨国并购的政策从严格监管到逐渐放松。根据政府政策的变化，本章将中国企业跨国并购的历程分为严格管控阶段（1979~1991年）、政策不稳定阶段（1992~2000年）、"走出去"战略推动阶段（2001~2009年）、国家政策逐渐完善阶段（2010~2013年）、"一带一路"倡议推动阶段（2014年至今）五个阶段，从这五个阶段出发，探讨中国企业跨国并购的发展历程，针对新形势下跨国并购存在的问题进行分析并提出具体解决策略。

一、严格管控阶段（1979~1991年）

1978年以后，中国政府制定了改革开放政策，这个政策制定之初，更多的是中国对外开放，少数企业才有对外投资的机会。这个阶段承担中国政府对外投资重任的仅限于国家外经贸部（现在的商务部）下属的国有贸易公司，或者国家经济贸易委员会（现在的发改委）下属的省市级企业。最早的海外并购案例是，1979年北京市友谊商业服务公司与日本东京丸一商事株式会在东京建立了"京和股份有限公司"，这拉开了中国企业对外直接投资的序幕。根据汤姆森金融并购数据库的数据表明，1982~1991年[1]，中国企业发起的海外并购数量为34例，其中发生在1985年以后的为31例，占91%。原因在于，1985年政府开始放宽对外投资的限制性政策，只要企业拥有足够的资本、技术和适宜的合作伙伴，就可以对外直接投资，但这期间的对外直接投资形式多为合资，获批的对外直接投资项目多达189个，但仅有18%为跨国并购，金额也都比较小。

综观这一阶段的政府政策，更多的是倾向于对国外资本对内投资的各种规范，如1985年制定的《国务院关于华侨投资优惠的暂行规定》[2]、1986年当时的对外经济贸易部、国家经委、国家计委提出的《关于加强吸收外商投资工作的报告》等等。这表明当时我们对对外投资的意识还不清晰，对少数出现的对外投资案例的监管也非常严格，从审批权限、人员设置、项目类型、经营范围都有严格规定，需要层层审批，从各个主管部门到地方政府，必须严格遵守国家相关政策规定，对企业的跨国投资行为进行管控。

二、政策不稳定阶段（1992~2000年）

1992年，邓小平同志"南方谈话"发表的一系列讲话清晰地表明了政府对改革开放的态度，政府在继续重视对内直接投资的同时，开始意识到对外直接投资是中国企业走向国际化，融入世界经济的重要方式。但这一阶段也是政府政策最不稳定的阶段，从企业的跨国并购数量变化也可以看出，如图6-1所示。

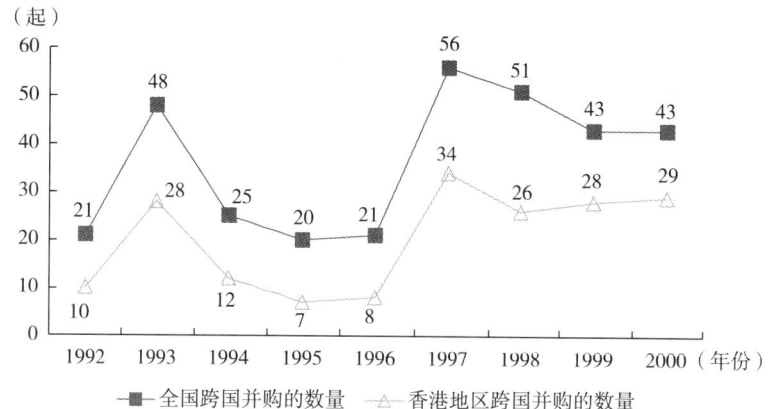

图6-1　1992~2000年中国企业跨国并购数量比例的变动

数据来源：根据汤姆森金融并购数据库整理得出。

---

[1]　汤姆森金融并购数据库统计的起始年限为1982年。
[2]　本书的政策建议都来自于国务院网站、商务部网站以及发改委网站。

第六章　我国企业跨国并购的动态分析

从图6-1可以看出，1992年邓小平同志"南方谈话"后，1993年中国企业的跨国并购数量相对于1992年增长了一倍。1994~1996年企业跨国并购的发展整体较为稳定。因为亚洲金融危机，1997年以后跨国并购的数量达到了前所未有的高度并在随后的几年里面保持稳定。但从企业跨国并购的区域分析，这一阶段中国企业海外并购的区域多集中在中国香港地区，中国香港地区海外并购的数量占总数的55.5%。

这一阶段，政府在对外投资上的政策变动较大。1992年邓小平同志"南方谈话"后，政府鼓励企业"走出去"，投资或设立合资公司。1992年一年，国务院办公厅批准了珠海经济特区发展公司、深圳宝安企业股份有限公司、中山集团、广州健力宝集团等十几家企业在中国香港或澳门设立公司或建设合资公司的申请，这些鼓励政策直接导致1993年中国企业跨国并购数量高达48起，其中28起位于中国香港。但1997年金融危机，很多企业倒闭，当时社会弥漫着"资本外逃"的恐怖气氛，政府又收紧了对外直接投资的政策，所以从数量上来看，企业的并购数量增长幅度较大。但受国家政策的影响，这一阶段的跨国并购金额都较低，超过100万美元以上的对外直接投资项目会受到严格审查。

三、"走出去"战略推动阶段（2001~2009年）

中国企业真正开始大规模的对外直接投资始于2000年提出的"走出去"政策。2000年10月公布的第十个五年计划提出要实施"走出去"战略，代表着中国政府从重视对内投资到利用国内外两种资源、开发两个市场的战略转变。这一阶段，政府出台或颁布的政策多体现了政府对企业对外投资行为的各种支持，比如出台《关于成立境外中资企业商（协）会的暂行规定》《商务部办公厅关于在驻外经商机构子站上建立驻在国（地区）投资项目招商信息库栏目的通知》《国别投资经营障碍报告制度》等规定，从政策和政府机构两个方面为我国企业的对外投资活动提供支持。同时，这一阶段也出台了一些监管对外投资活动的政策，如《关于境外投资开办企业核准事项的规定》《对外经济技术合作专项资金管理办法》等。具体如表6-1所示。

表6-1　2001~2009年政府出台的对外投资主要政策分析

时间	政策公告或具体措施	出台部门	主要意见
2001年11月	建立《对外直接投资统计制度》的公告	对外经济贸易合作部和国家统计局	第一次规范了我国对外直接投资活动的各项统计标准

续表

时间	政策公告或具体措施	出台部门	主要意见
2002年3月	《关于成立境外中资企业商（协）会的暂行规定》	对外经济贸易合作部	规范海外商会和协会的建立，更好的维护中资企业在海外的利益
2003年12月	《商务部办公厅关于在驻外经商机构子站上建立驻在国（地区）投资项目招商信息库栏目的通知》	商务部	为企业跨国并购提供信息支持
2004年1月	"中国对外经济合作指南网站"投入运行	商务部	网站为企业和公众提供对外直接投资的服务，包括政策解读、合作信息、统计资料、国别环境等信息
2004年9月	《关于境外投资开办企业核准事项的规定》	商务部	对于国内企业在国外开办企业的审核规则、核准程序、申请材料等进行了明文规定，这一规定极大地推动了我国民营企业对外直接投资的步伐
2005年12月	《对外经济技术合作专项资金管理办法》	财政部商务部	对企业的对外直接投资、合资等活动提供资金补助，方式为直接补助或贴息贷款的方式
2006年8月	《国别投资经营障碍报告制度》	商务部	将企业在对外投资中遭遇的障碍、风险和壁垒及时上报，形成国家层面的监控体系
2009年3月	《对外直接投资管理办法》	商务部	对我国企业开展的不同类型对外投资行为需要上报的申请单位进行了明确规定，并规定了办理程序

资料来源：笔者根据商务部、国家发改委网站相关信息整理得出。

随着这一系列促进政策的颁布，中国企业积极参与国际经济活动。2001~2009年，对外直接投资的年平均增长速度高达60%，跨国并购数量的平均增长速度高达30%。尤其是全球金融危机爆发后，我国的跨国并购数量逆势增长，并将并购区域从原来亚洲和非洲的发展中国家扩展到欧洲发达国家。同时，受国家政策的影响，中国对外投资的企业主体由原来的中央企业为主慢慢扩展到地方国有企业，部分民营企业也开始加入到对外直接投资的队伍中，但并不占主要地位。

四、国家政策逐渐完善阶段（2010～2013年）

在政府政策的推动下，中国企业"走出去"获得极大的成功。2010年以后，政府在对外直接投资方面的政策更加完善，不仅出于国家战略和企业利益的考虑，还从员工和东道国的角度出台了一系列政策，对境外工作人员派出的标准和培训、境外人员的雇佣、境外的劳资纠纷处理等做出了具体规定，同时考虑到了境外企业的企业文化建设，填补了之前我国企业对外投资只关注经济利益而忽视企业核心价值的空缺。2013年2月，商务部、环境保护部印发了《对外投资合作环境保护指南》，从对东道国的环境保护的角度来规范我国企业的跨国投资行为，具体如表6-2所示。

表6-2 2010年以后逐渐完善的对外直接投资政策

时间	政策公告或具体措施	出台部门	主要意见
2011年3月	《境外中资企业（机构）员工管理指引》	商务部、外交部、国资委和全国工商联	内容包括境外工作人员派出的标准和培训、境外人员的雇佣、境外的劳资纠纷处理等
2012年5月	《中国境外企业文化建设若干意见》	商务部、中央外宣办、外交部、发展改革委、国资委、国家预防腐败局和全国工商联	填补了我国企业原来对外投资只关注经济利益，而忽略了企业的核心价值的空缺
2013年2月	《对外投资合作环境保护指南》	商务部、环境保护部	从对东道国的环境保护角度来规范我国企业的跨国投资行为

资料来源：笔者根据商务部、国家发改委网站相关信息整理得出。

从这一阶段的政策可以看出，我国政府在对外投资政策制定上逐渐趋于成熟，考虑问题更加完善，而且政策的出台单位由原来的以商务部为主拓展到了多个部门的联合管理。正是由于政府的这种积极引导，2011～2013年，我国企业的跨国并购不仅数量上稳定增长，在并购金额和并购成功率上也取得突破。我国企业的海外并购数量和交易金额在2013年达到一个高峰，2013年海外并购的成功率为57%，远高于我国企业跨国并购成功率的平均。这说明，在国家政策逐渐完善的背景下，中国企业越来越成熟，积累了丰富的跨国投资和并购经验，并能恰当地应用到企业跨国并购行为中，提升了跨国并购的成功率。

五、"一带一路"倡议推动阶段（2014年至今）

"一带一路"的概念最早是由习近平主席在2013年底出访中亚和东南亚国家期间提出的，包括"丝绸之路经济带"和"21世纪海上丝绸之路"。在2014年国家不同的会议和对外交流活动上不断进行讨论，"一带一路"倡议逐渐成形，并于2015年3月正式公布。"一带一路"倡议的提出标志着我国的对外直接投资进入一个新的阶段。这一阶段政府政策的最主要表现是"简政放权"。

2014年4月发改委公布的《关于2014年深化经济体制改革重点任务意见的通知》提出，对外直接投资的方式的管理方式改为备案为主，核准为辅。这放宽了对对外投资活动的监管，使对外投资的自主权更多地掌握在企业或个人手里。

2015年3月，发改委、外交部和商务部联合发布了《推动共建丝绸之路经济带和21世纪海上丝绸之路的愿景与行动》，并在对外投资方面提出了一系列的政策建议，包括解决投资贸易便利化的问题、消除投资和贸易壁垒、拓展相互投资领域等。随后，政府领导人通过双边互访，签订了一系列的双边贸易协定。

2015年5月，中共中央、国务院发布了《关于构建开放型经济新体制的若干意见》，进一步强调政府要简化对外投资管理的政策，弱化政府的监管职能，提升政府的服务职能。

政府政策的这种转变促进了海外并购的繁荣发展，海外并购数量在2015年达到了222件，民营企业跨国并购的数量也首次超过了国有企业。同时，"一带一路"倡议的提出也推动了中国企业在"一带一路"沿线国家的海外并购行为，表6-3展示了近十年来"一带一路"沿线的主要国家跨国并购数量变化情况。

从跨国并购的数量变化可以看出，2015年和2016年完成的跨国并购的数量超过了过去8年的总和，说明政府提出的"一带一路"倡议推动了企业在"一带一路"沿线国家的对外直接投资。受政府"一带一路"倡议的影响，中国企业在阿联酋、爱沙尼亚、巴基斯坦、哈萨克斯坦、吉尔吉斯斯坦、柬埔寨、罗马尼亚等十余个国家完成了首次成功的跨国并购。表6-3同时展示了受"一带一路"倡议影响比较突出的几个国家的跨国并购变化情况。从表6-3可以看出，虽然俄罗斯、印度、哈萨克斯坦等国家是我国的近邻，但在"一带一路"倡议提出前，我国企业在这些国家发起的跨国并购很少，且成功率低，但2014年中国政府正式提出"一带一路"倡议，对企业在"一带一路"沿线国家的对外直接投资提供资金、政策等多方面支持，中国企业在这些国家完成的跨国并购数量有大幅度增长。

表6-3 2007~2016年"一带一路"沿线国家跨国并购数量的变化情况

单位：起

时间 国家	2007	2008	2009	2010	2011	2012	2013	2014	2015	2016
俄罗斯	0	0	0	1	0	1	4	4	1	2
哈萨克斯坦	0	0	1	0	0	0	0	0	1	1
吉尔吉斯斯坦	0	0	0	0	0	0	0	0	1	0
捷克	0	0	0	0	1	1	0	0	5	3
印度	1	0	1	1	0	0	0	0	2	0
印度尼西亚	1	1	1	0	0	0	0	0	2	2
阿联酋	0	0	0	0	0	0	0	0	2	1
巴基斯坦	2	0	0	0	0	0	0	1	0	2
"一带一路"沿线国家合计①	4	1	3	2	1	2	4	6	14	13

资料来源：笔者根据 SDC 数据库数据整理所得。

从以上分析可以看出，中国企业跨国并购的整个历程与政府的对外投资政策密切相关，政府在中国企业"走出去"过程中，同时担任着"监管者"和"推动者"两个角色，前期的政策更多倾向于管控和限制，后期的政策则转向推动和服务。在政府政策的指引下，中国企业的跨国并购经历了初期的严格管控、中期的政府推动到后期的政府服务，随着政府职能的变化，企业的跨国并购也慢慢趋于成熟，从数量、金额到成功率都稳步增长。

---

① 本书将"一带一路"国家界定为64个国家，包括阿尔巴尼亚、阿富汗、阿联酋、阿曼、阿塞拜疆、埃及、爱沙尼亚、巴基斯坦、巴勒斯坦、巴林、白俄罗斯、保加利亚、波黑、波兰、不丹、东帝汶、俄罗斯、菲律宾、格鲁吉亚、哈萨克斯坦、黑山、吉尔吉斯斯坦、柬埔寨、捷克、卡塔尔、科威特、克罗地亚、拉脱维亚、老挝、黎巴嫩、立陶宛、罗马尼亚、马尔代夫、马来西亚、马其顿、蒙古国、孟加拉国、缅甸、摩尔多瓦、尼泊尔、塞尔维亚、沙特阿拉伯、斯里兰卡、斯洛伐克、斯洛文尼亚、塔吉克斯坦、泰国、土耳其、土库曼斯坦、文莱、乌克兰、乌兹别克斯坦、新加坡、匈牙利、叙利亚、亚美尼亚、也门、伊拉克、伊朗、以色列、印度、印度尼西亚、约旦、越南。

第二节 我国企业跨国并购的区域变化历程

一、国家分布变化特征

我国企业跨国并购的目标区域在短短 30 多年的时间里由最初的几个国家和地区增加到将近 100 个国家和地区，由表 6-4 可以看出我国企业跨国并购的区域分布较广，遍布全球 110 多个国家和地区，但又比较集中，如中国香港、美国、澳大利亚和欧洲。其中，中国香港、美国和澳大利亚三个国家和地区的跨国并购的数量占到了总数的 50%，排名前 10 位国家和地区的跨国并购总数目占到了总数的 80%，而剩余 90 个国家和地区的跨国并购总数仅占 20% 左右。

表 6-4 分阶段展示了我国企业跨国并购跨境并购数量排名前十的国家和地区。从表 6-4 可以看出，1982~1991 年的严格管控阶段，目标国家和地区的数量仅为 9 个①，而且较为集中，主要集中于中国香港和美国。1992~2000 年的政策不稳定阶段，随着政府对跨国并购的监管慢慢放松，跨国并购国家和地区的数量由 9 个增加到了 44 个，除了美国和中国香港之外，这一阶段并购比较集中的还包括新加坡、加拿大和澳大利亚，并购数量比较多的还是集中于发达国家。2001~2009 年的"走出去"政策推动阶段，跨国并购目标国家的数量进一步增加，达到了 80 个。澳大利亚超过了美国，成为仅次于中国香港的目的地。对德国的并购表现突出，从 2000 年以前的仅有 1 件跨国并购上升到了 2009 年的 26 件，进入前十。德国是典型的技术先进国家，对德国企业跨国并购的数量提升反映了我国企业跨国并购中技术需求的驱动。2010~2015 年，我国跨国并购目标国家的数量增加到了 98 个，基本覆盖了世界各个区域。受"一带一路"倡议的影响，这一段时间新增国家多集中于中亚、北非等地区"一带一路"沿线国家。

---

① 本部分的跨国并购国家和地区数量的统计不仅仅局限于并购成功，只要企业在该国有跨国并购行为，都纳入统计范围。

表 6-4　1982~2015 年各阶段我国企业跨国并购跨境内购前十位的国家和地区

1982~1991 年	数量（起）	是否发达国家或地区	1992~2000 年	数量（起）	是否发达国家或地区	2001~2009 年	数量（起）	是否发达国家或地区	2010~2015 年	数量（起）	是否发达国家或地区
中国香港	15	是	中国香港	172	是	中国香港	396	是	中国香港	317	是
美国	13	是	美国	25	是	澳大利亚	141	是	美国	290	是
澳大利亚	2	是	新加坡	23	是	美国	134	是	澳大利亚	184	是
日本	2	是	加拿大	13	是	新加坡	68	是	加拿大	96	是
阿根廷	1	否	澳大利亚	12	是	加拿大	57	是	德国	84	是
新西兰	1	是	日本	8	是	英国	34	是	英国	73	是
葡萄牙	1	是	中国台湾	8	是	日本	29	是	新加坡	65	是
新加坡	1	是	法国	6	是	英属维京	26	是	日本	56	是
瑞典	1	是	印度	3	否	德国	26	是	法国	50	是
—			马来西亚	3	否	印度尼西亚	19	否	韩国	38	是

数据来源：笔者根据 SDC 数据库整理所得。

二、区域分布变化特征

从区域分布来看，我国企业跨国并购在各大洲分布也不均匀，同样呈现集中又分散的特点。如图 6-2 所示，跨国并购数目最多的国家和地区在亚洲，占到了跨国并购总数目的 44%，其次在北美洲和欧洲，分别占 20% 和 19%。这三大洲囊括了我国超过 80% 的跨国并购，相比之下，南美洲、非洲和大洋洲的跨国并购总数量才不到 20%。尤其是非洲国家，跨国并购的国家比较多，但总数量很少，跨国并购分散的特点最为明显。本书还对亚洲进一步细分，分为东亚、东南亚、南亚和其他区域。由图 6-2 可以看出，在亚洲区域的跨国并购中，东亚占有绝对优势，其次为东南亚，南亚和亚洲其他区域的数量很少。

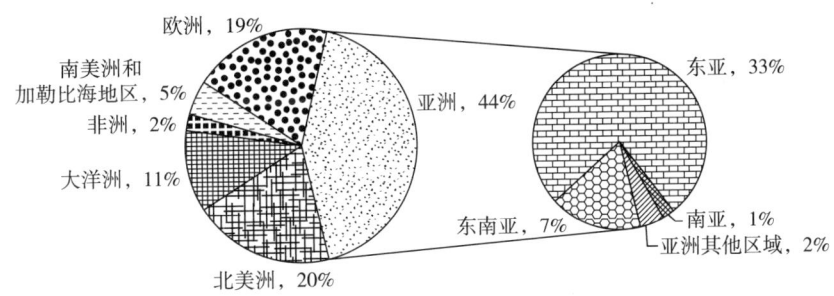

图 6-2　中国企业跨国并购的区域分布概况

数据来源：笔者根据 SDC 数据库整理所得。

值得考虑的是，亚洲国家虽然在我国企业跨国并购的份额中占比例较高，但其中在中国香港的并购占比例较大，图6-3是将中国香港地区的并购数据去除以后，重新考察的各个区域的分布情况。很明显，不包含香港地区的数据以后，亚洲、欧洲、北美洲三大区域的跨国并购趋于均衡，亚洲地区还低于欧洲和北美洲，大洋洲所占的份额也有了提升，达到了15%，其次为南美洲和加勒比海地区的6%，非洲仍然最低，为3%。从亚洲内部分布来看，不考虑中国香港地区的并购，东亚和东南亚的并购数量也趋于平衡，都为10%，亚洲其他国家和南亚分别为3%和1%。

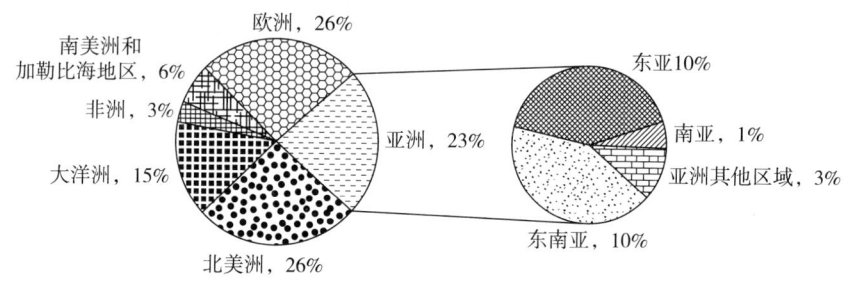

图6-3 中国企业跨国并购区域分布概况（不包含中国香港地区）

数据来源：笔者根据SDC数据库整理所得。

从跨国并购的不同阶段来看跨国并购的区域分布，也有显著变化，如图6-4所示。1982~1991年，我国企业跨国并购的区域包括南北美洲、欧洲、大洋洲和亚洲，其中亚洲和北美洲的跨国并购数量占到了总数的84%。1992~2000年，受政府政策影响，我国提升了改革开放的力度，但当时的政策还不稳定，因此我国企业的跨国并购大多数集中于周边地区，跨国并购的区域集中特征非常明显，亚洲地区的跨国并购占到了74%，其次为北美洲，占11%，欧洲和大洋洲分别占6%，其余地区仅占3%。2001~2009年，"走出去"政策推动阶段，亚洲的跨国并购比例由74%降到了50%，北美洲、大洋洲和欧洲的份额都有所增加，跨国并购的区域分布逐渐多元化，且相对均衡。2010年以后，亚洲地区的跨国并购份额进一步萎缩，由50%降低到了31%；增幅最为显著的为欧洲地区，由12%增加到了29%，增幅达到142%；北美洲由18%增加到了23%。这两个区域的国家多为发达国家，这也与我们前面分析的国家分布特点相一致，我国企业跨国并购的目标选择多为发达国家，属于技术驱动型的跨国并购。南美洲和加勒比海地区从1992～2000年阶段的1%增加到2001～2009年阶段的6%,而在2010～2015年阶段又降到了2%,这个变化主要是由于英属维京群岛的并购数额变化引起的。四个阶段中,非洲国家的跨国并购数量变动幅度最小,一直处于最低,说明非洲国家一直不是我国企业跨国并购的主要目标区域,主要原因在于非洲国家一般为发展中国家,不符合我国企业跨国并购的总体战略。

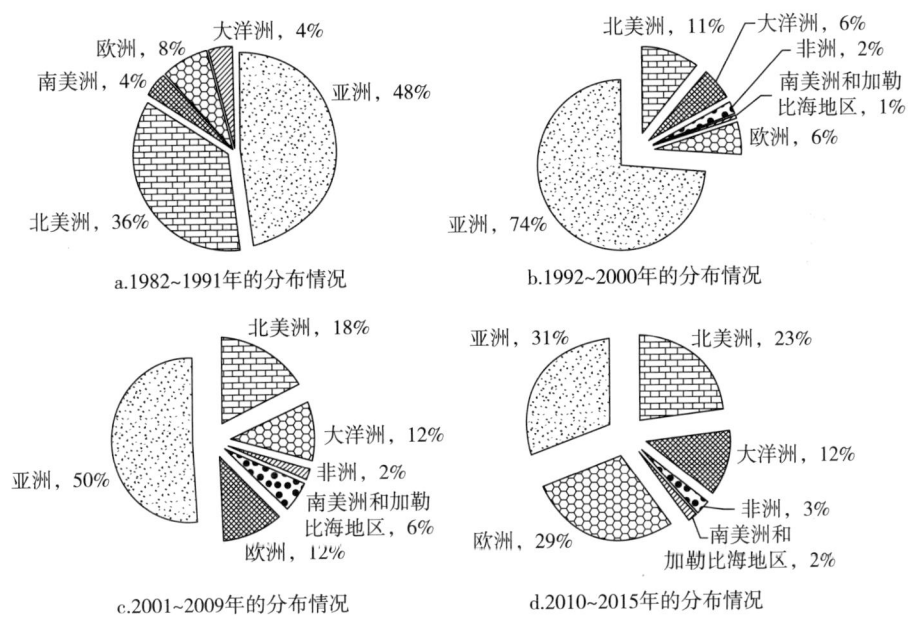

图6-4 不同阶段中国企业跨国并购的区域分布情况

数据来源:笔者根据SDC数据库整理所得。

考虑到中国香港的特殊性,本书同样不包括香港地区的并购数据,并进行再分析,如图6-5所示。1982～1991年阶段,中国企业的跨国并购仅剩下北美洲、南美洲、欧洲和大洋洲四个区域,其中北美洲占绝对优势,占总数的69%,其余三个区域差异不大。1992～2000年阶段,亚洲仍占绝对优势,跨国并购的数量占到43%,超过了北美洲和大洋洲的总和。前面两个阶段欧洲的跨国并购数量差异不大。2001～2009年阶段,亚洲、欧洲、北美洲和大洋洲的跨国并购数量差异明显变小,南美洲和加勒比海地区的比例也有所增加。2010～2015年期间,可以明显看出,亚洲地区已不占优势,中国企业跨国并购最多的区域在欧洲地区,比例高达34%,其次为北美洲和大洋洲。

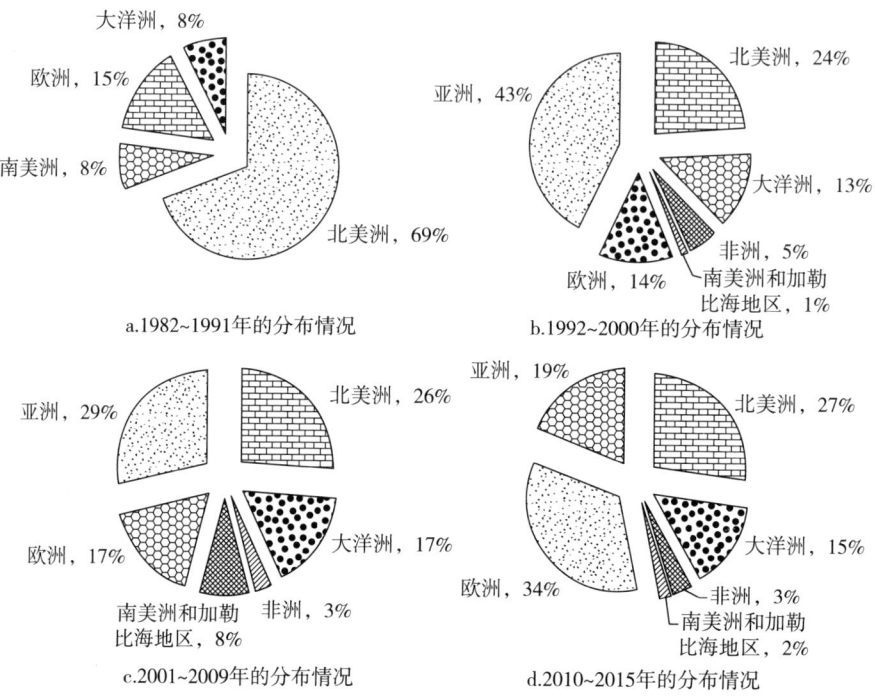

图6-5　不同阶段中国企业跨国并购的区域分布情况（不包含中国香港地区）

数据来源：笔者根据 SDC 数据库整理所得。

综上所述，我国企业跨国并购的区域分布呈现以下特点：

第一，我国企业跨国并购的目标区域呈现集中和分散并存的特点。从小区域角度分析，跨国并购/跨境并购集中于中国香港、美国、加拿大、澳大利亚等国家和地区。从大区域角度分析，跨国并购/跨境并购前期集中于亚洲国家，后期倾向于北美洲和欧洲国家。集中的同时，中国企业的目标又不仅仅局限于这些国家和地区，跨国并购的目标遍及全世界六大洲中90多个国家，又呈现分散的特点。

第二，跨国并购的区域分布在不同阶段呈现不同特点。在国家监管严格阶段，跨国并购目标单一，分布范围较窄，多局限于周边国家和贸易往来频繁的国家。随着政府对外直接投资政策逐渐放开，中国企业跨国并购的区域逐渐多元化，在资源获取转为技术获取的战略推动下，跨国并购的区域包括了六大洲90多个国家。

第三，中国企业的跨国并购变化过程与国际上流行的国际投资模型，即乌普萨拉模型（Uppsala Model）不一致。根据乌普萨拉模型，企业的国际化过程是一个逐步渐进的过程，"心理距离"即文化等环境因素会对企业的国际化投资行为产生影响。企业的国际化投资行为应该遵从由近及远的原则。但我国企业的跨国并购区域分布正好相反，早期的跨国并购选择的是美国、澳大利亚等文化距离和地理距离和我国都较远的国家，2000年以后才开始在东亚等与我国邻近的区域开始大规模的跨国并购。

第三节　我国企业跨国并购的行业分布

本节关于跨国并购的数据来源于汤姆森金融并购数据库，该数据库对跨国并购行业的描述是根据美国政府确立的标准产业分类代码（Standard International Classifications，SIC）。该代码一般由四位数字组成，其中，前两位代表主要行业，第三位数字代表产业类别，第四位表示具体产业。根据我国企业跨国并购的主要行业分类，本书按SIC码的前两位将主要行业进行归类，如表6-5所示。

表6-5　前两位SIC码对应的行业分类

行业名称	前两位SIC代码
农、林、牧、渔业	01、02、07、08、09
建筑业	15、16、17
金融业和保险业	60、61、62、63、64、67
制造业	20~39
采矿业	10、12、13、14
零售业	52~59
服务业	72、73、75、76、78、79、80~83、86~89、91、92、94~97
交通运输、通信、供电、供气	40~49
批发业	50、51
房地产和酒店业	65、70

注：笔者根据美国标准产业分类代码的描述整理所得。

根据SIC代码的行业分类，对1982~2015年中国企业跨国并购的行业分布情况整理得到表6-6。

从表6-6可以看出，从中国"走出去"进行跨国并购的行业主要集中在制造业和金融保险业。其中，从1982到2015年，制造业企业共进行了1185件跨国并购，完成数量为654件，占总数的33%；其次为金融和保险业，跨国并购的总数为1093件，完成数量为682件，成功率为62.4%。从并购企业角度看，成功率比较高的行业是房地产业和酒店业，总共118件跨国并购，完成了76件，成功率高达64.4%。从目标企业的行业分布看，中国企业跨国并购的目标企业最多的为制造业，中国企业总共收购成功的制造业企业为696件，占总数的35.1%，其次为采矿业，占目标企业总数的17.2%，后面依次为金融和保险业、服务业等。从目标企业所属行业角度看，并购成功率最高的还是房地产和酒店业，1982~2015年期间，中国企业共发起了144件对房地产和酒店业的跨国并购，成功完成了103件，成功率高达71.5%。

表6-6 中国企业跨国并购的行业分布情况　　　　　单位：件

行业	按并购企业所属行业分类	按并购企业所属行业分完成的跨国并购	按目标企业所属行业分类	按目标企业所属行业分完成的跨国并购
农、林、牧、渔业	19	11	24	13
采矿业	311	165	643	341
建筑业	30	15	39	25
制造业	1185	654	1134	696
交通运输、通信、供电	199	99	294	137
批发业	100	55	155	77
零售业	47	29	63	41
金融业和保险业	1093	682	520	296
房地产和酒店业	118	76	144	103
服务业	308	195	394	252
总计	3410	1981	3410	1981

数据来源：笔者根据SDC数据库整理所得。

为了更清晰地分析我国企业跨国并购行业的变化历程，我们按跨国并购的不同阶段分析了企业跨国并购中并购企业和目标企业的行业分布情况。

从图 6-6 可以看出，随着我国企业跨国并购的飞速增长，跨国并购的行业分布也逐渐多元化，从 1982~1991 年的仅有 5 个行业扩展到了 2010~2015 年的 10 个行业，尤其是 2010 年以后，增长更为明显。从增长速度看，制造业和金融保险业的增长最为明显，制造业各个阶段的增长率分布为 457%、590% 和 26%，制造业增长最为迅速的为 2001~2009 年。金融业和保险业各个阶段的增长率分别为 882%、117% 和 42.3%，金融业和保险业增长最为迅速的阶段为 1992~2000 年。后期增长相对较快的有房地产和酒店业以及服务业。变化较少的为农、林、牧、渔业，从 1982~2015 年总共的跨国并购次数仅为 11 件，说明我国该行业的企业国际化进程较慢。

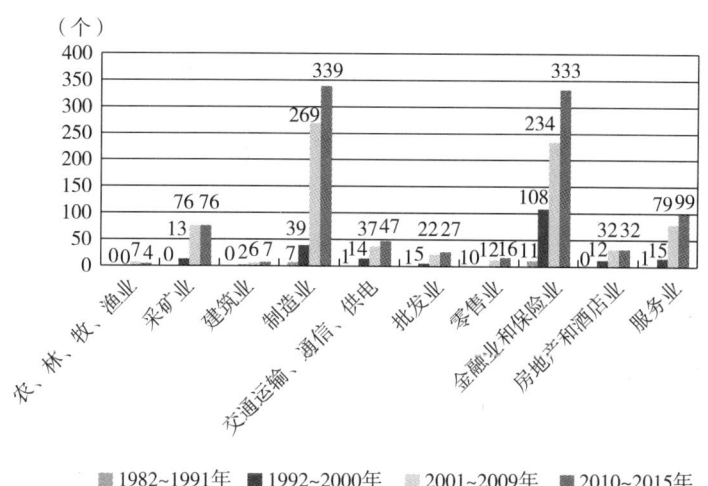

图 6-6 1982~2015 年中国并购企业的行业分布

数据来源：笔者根据 SDC 数据库整理所得。

图 6-7 展示了 1982~2015 年中国企业跨国并购过程中收购的目标企业的行业分布情况。1982~2015 年，目标行业由最初的 6 个行业增长为 10 个行业。从时间变化的角度看，制造业企业是变化最为突出的行业，各个阶段的增长率分别为 491%、266% 和 60.5%；其次为采矿业、服务业以及金融保险业。2000 年以后，因为与中国企业跨国并购的资源驱动目标相符合，采矿业的并购增长迅速，2000 年以后超越了金融保险和服务业。批发业、零售业变化比较平缓，说明这两个行业不是我国企业跨国并购的主导行业。农、林、牧、渔业和建筑业整体变化较为平缓，增长速度较慢。

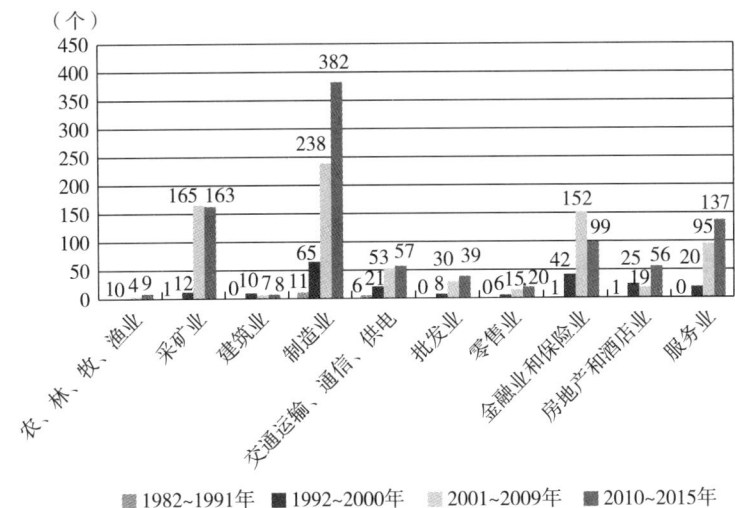

图 6-7 1982~2015 年中国跨国并购目标企业的行业分布

数据来源：笔者根据 SDC 数据库整理所得。

"一带一路"倡议推动我国在"一带一路"沿线国家跨国并购的行业分布更加多元化，本书对"一带一路"倡议前后跨国并购行业的分布进行了对比分析。

图 6-8 展示了 2013 年前后"一带一路"沿线国家跨国并购的行业分布。从图 6-8 可以看出，"一带一路"倡议推出后，我国跨国并购的行业更加多元化，从原来的 7 个行业扩展到了 9 个行业，去除了农、林、牧、渔业，增加了零售业、教育、医疗和法律业以及房地产和酒店业。2013 年以前，"一带一路"沿线国家跨国并购最主要的行业为制造业和采矿业，分别占比 39.80% 和 16.33%。2013 年以后，随着"一带一路"倡议的提出和实施，采矿业不再是我国企业跨国并购的主要目标行业，服务业超过制造业成为我国企业在"一带一路"沿线国家跨国并购的主要行业，占比高达 39.13%。金融业和保险业飞速增长，占比高达 14.49%，在服务业和制造业之后排在第三。教育、医疗和法律以及房地产和酒店业占比虽然较低，但却是最具发展潜力的行业。

从以上分析可以看出，我国企业的跨国并购呈现以下特点：

第一，无论是从收购企业还是目标企业的行业分布来看，制造业都是我国企业跨国并购的主要行业，其次为金融保险业、服务业和采矿业。

第二，相对收购企业，我国企业跨国并购的目标企业多元化分布更为均匀，并购企业的行业多集中于制造业和金融保险业，而目标企业在除去制造业之外，其余行业的分布较为均匀。

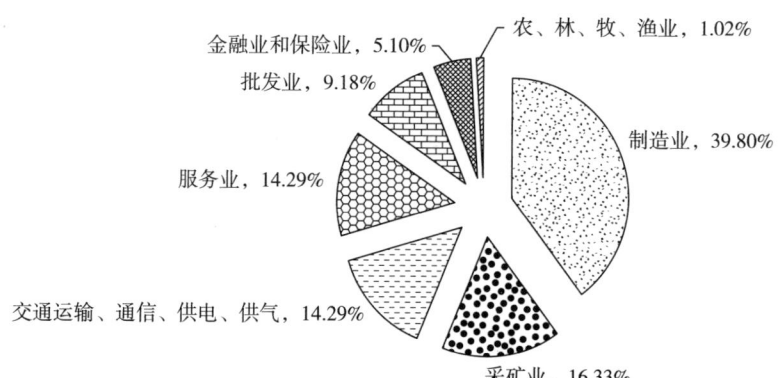

a. 2013年以前"一带一路"沿线国家跨国并购的行业分布

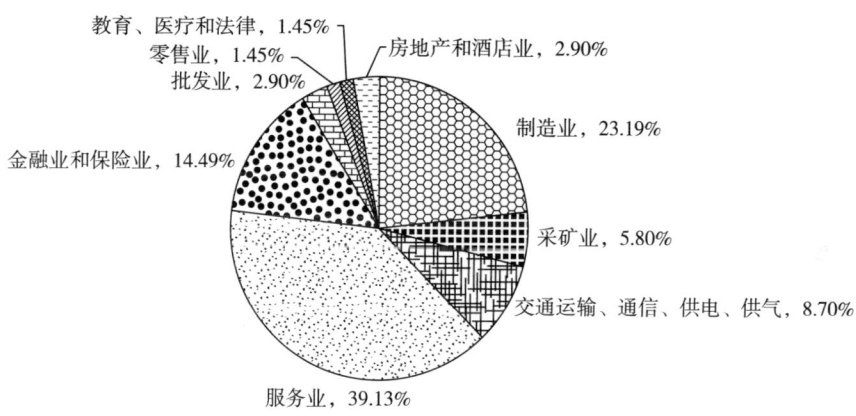

b. 2013年以后"一带一路"沿线国家跨国并购的行业分布

图6-8　2013年前后"一带一路"沿线国家跨国并购的行业分布

数据来源：笔者根据Zephyr数据库数据整理所得。

第四节　跨国并购在我国对外直接投资中的地位分析

表6-7和图6-9分别展示了不同时间状态下中国企业海外并购的金额占对外直接投资的比重，并与发达国家、发展中国家和全世界的均值进行对比。从表

6-7可以看出,1990~2015年中国企业跨国并购的金额占对外直接投资的比重为32.3%。发展中国家的平均水平为32.4%,中国的平均水平和发展中国家的平均水平基本持平。世界平均水平为37.3%,发达国家的平均水平为36.3%,比中国的平均水平略高,但差异不大。

表6-7 海外并购占对外直接投资的比重

年份	中国	发展中国家平均	发达国家平均	全世界
1990	0.614	0.634	0.380	0.410
1991	0.203	0.167	0.079	0.107
1992	0.263	0.322	0.206	0.237
1993	0.195	0.163	0.172	0.180
1994	0.366	0.209	0.331	0.320
1995	0.013	0.115	0.332	0.310
1996	0.004	0.224	0.377	0.360
1997	0.272	0.184	0.409	0.380
1998	0.121	0.260	0.584	0.590
1999	0.224	0.173	0.582	0.580
2000	0.335	0.429	0.757	0.735
2001	0.011	0.339	0.582	0.570
2002	0.474	0.597	0.418	0.462
2003	0.557	0.349	0.267	0.319
2004	0.167	0.214	0.210	0.244
2005	0.298	0.562	0.482	0.524
2006	0.571	0.507	0.431	0.445
2007	0.102	0.492	0.460	0.470
2008	0.728	0.343	0.369	0.370
2009	0.380	0.273	0.189	0.213
2010	0.433	0.280	0.229	0.249
2011	0.487	0.271	0.383	0.355
2012	0.432	0.347	0.200	0.251
2013	0.478	0.313	0.146	0.200
2014	0.331	0.350	0.321	0.328
2015	0.342	0.315	0.550	0.489
平均	0.323	0.324	0.363	0.373

数据来源:笔者根据各年度的《世界投资报告》整理所得。

图6-9分阶段展示了份额的变动情况。由于数据缺失了1990年以前的数据,故只考虑后面三个阶段的变动情况。结合表6-7分年度来看,中国企业跨国并购的份额变动较大,如从1996年的0.4%到1997年的27.2%,从2007年的10.2%到2008年的72.8%,都是比较剧烈的变动。但从图6-9展示的不同阶段的变化情况来看,中国企业的跨国并购占对外直接投资的份额总体呈现上升的趋势。发达国家和全世界的变动轨迹基本一致,都是从平稳到下降。发展中国家的变动趋势为飞速上升到下降,由2001~2009年的40.8%下降到2010~2015年的31.3%。

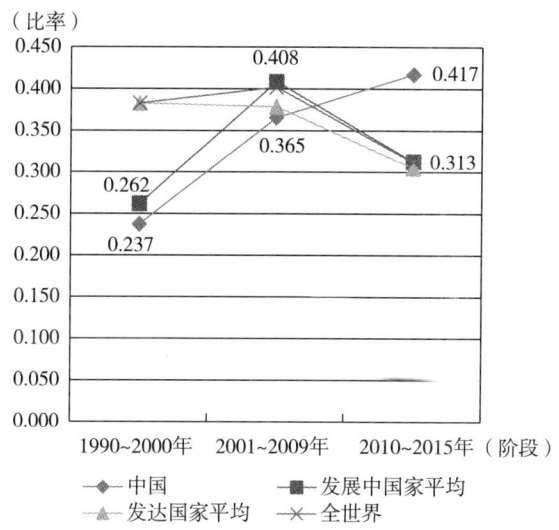

图6-9 分阶段企业跨国并购占对外直接投资的比重

第五节 我国企业跨国并购的特点及对策分析

一、我国企业跨国并购的特点

(一)区域分布呈现集中和分散并存的特点

从分布角度分析,跨国并购集中于美国、加拿大、澳大利亚等国家。从地区角度分析，跨国并购前期集中于亚洲国家，后期倾向于北美洲和欧洲国家。集中的同时，中国企业的目标又不仅仅局限于这些国家和地区，跨国并购的目标遍及全世界六大洲中90多个国家，又呈现分散的特点。

跨国并购的区域分布在不同阶段呈现不同特点。在国家监管严格阶段，跨国并购目标单一，分布范围较窄，多局限于周边国家和贸易往来频繁的国家。随着政府对外直接投资政策逐渐放开，中国企业跨国并购的区域逐渐多元化，从资源获取到技术获取的战略推动下，跨国并购的区域包括了六大洲90多个国家。而且，中国企业的跨国并购变化过程与国际上流行的国际投资模型即乌普萨拉模型（Uppsala Model）不一致。根据乌普萨拉模型，企业的国际化过程是一个逐步渐进的过程，"心理距离"即文化等环境因素会对企业的国际化投资行为产生影响。企业的国际化投资行为应该遵从由近及远的原则。但我国企业的跨国并购区域分布正好相反，早期的跨国并购选择的是美国、澳大利亚等文化距离和地理距离和我国都较远的国家，2000年以后才开始在东亚等与我国邻近的区域开始大规模的跨国并购。

（二）行业分布集中于少数几个行业

无论是从收购企业还是目标企业的行业分布来看，制造业都是我国企业跨国并购的主要行业，其次为金融保险业、服务业和采矿业。相对收购企业，我国企业跨国并购的目标企业多元化分布更为均匀，并购企业的行业多集中于制造业和金融保险业，而目标企业在除去制造业之外，其余行业的分布较为均匀。分阶段来看，在前期国家对跨国并购监管较严格的阶段，我国"走出去"企业多集中于制造业、采矿业、交通运输和通信业。但随着跨国并购政策的放松，中国企业跨国并购的行业逐渐增多，变化较大的有金融保险业和服务业。从目标行业分布情况来看，制造业一致占较大优势，采矿业、金融保险业、服务业稳步上升。总体来看，我国企业跨国并购行业分布比较集中，而且多集中于资源技术类行业，这些都是国外政府和民众比较敏感的行业，政府干预较多。

（三）民营企业在企业跨国并购发挥作用越来越大

近年来，中国企业海外并购已经由过去的以国有企业为主转变为国有企业和民营企业齐头并进的状态。2000年以前，由于政府管控和国内民营经济的发展现状，中国"走出去"企业多为国有企业，国有企业在跨国并购数量和金额上占有绝对优势。2000年以后，一方面，由于国外政府对中国国有企业跨国并购审核较严，认为中国国有企业的对外投资行为代表了中国政府的发展战略，会危害本国能源、信息资源的安全性，因此，政府和民众的干预导致了我国国有企业的跨国并购失败率较高；另一方面，民营企业在人事管理、制度管理上更为灵活，企业对各种信息的反应和处理速度更为快捷，能够抓住更多的跨国并购机会，同时，政府在政策、金融方面对民营企业的支持力度越来越大。这些原因都促使民营企业的跨国并购无论从数量上还是规模上都逐年递增，逐渐成为我国企业跨国并购的主力军。但相对发达国家，我国民营企业在国际化程度上还有一定差距，需要政府能够在更多的方面如融资、外交等给予民营企业更多的支持，推动民营企业跨国并购的规模进一步扩大。

二、政府视角下促进我国企业跨国并购发展的对策分析

（一）引导非敏感行业的中国企业"走出去"

波士顿咨询机构（BCG）调查得出，超过70%的中国企业在跨国并购过程中都会遭遇政治干预。根据美国财政部的统计得出，连续三年遭受美国海外投资委员会（CFIUS）审核最多的外国买家是来自中国的投资者。而中国企业对外投资受到审核较多的多为能源类、战略性资源、高科技技术类等敏感行业，但酒店业、批发零售业等行业的跨国并购案例遭受政府干预的情况较少，因为这些行业不是关系国计民生的根本性行业，从政府到民众，对这些行业的敏感度较低。因此，政府可以从目前中国企业跨国并购并不繁荣的农林牧渔业、建筑业、批发业等行业出发，有针对性地推动这些行业的企业"走出去"。

（二）多渠道提升我国的国家形象

由于政治制度和政府管理模式的特殊性，国外各国尤其是发达国家，对我国的跨国并购存在各种偏见，我国企业的跨国并购行为经常由于国外政府和民众的干预而失败，因此，政府要通过各种渠道塑造中国政府的国家形象。中国政府通过在世界各地开设孔子学院、举办奥运会等世界级赛事和活动等措施让世界各国人民了解了中国。随着"一带一路"倡议的实施，政府可从以下两个方面扩大中国政府的影响：

第一，政府要进一步扩大文化传播和文化交流的范围。过去中国政府的形象宣传多针对欧美发达国家，随着"一带一路"倡议的实施，要针对"一带一路"沿线国家的民族和宗教特点，拍摄有针对性的宣传片，排演适合当地需求的剧目，通过文化活动展示中国政府良好的国家形象。

第二，适当承担东道国国家的社会责任。"一带一路"沿线国家多为发展中国家，中国政府和企业在对这些国家进行投资时，要尽量实现员工属地化，帮助当地改善教育、医疗等设施，增加东道国国家的底层居民对中国政府和企业的认

同感。

(三) 通过不同层次的政府间交流降低跨国并购的障碍

政府间的政治交流对企业的跨国并购行为有重要影响。全球化时代,政府的双边交流可以调节政府间的冲突,促进双边合作,降低双边投资的风险,提升跨国并购的成功率。政府间的政治交流的主要方式包括政府高层领导之间的互访即"首脑外交"和加入各种国际组织。除此之外,还可以从以下两个方面加强国家政府间的交流:

第一,加强地方政府和"一带一路"沿线国家之间的交流。我国领土幅员辽阔,地区间差异较大,只依靠中央政府的对外交流还远远不够,同时要注重地方政府之间的交流。"一带一路"沿线国家幅员辽阔,文化背景差异较大,地方政府针对自己的地域和文化特点,有针对性地选择"一带一路"沿线国家进行交流,可能起到更好的效果,如西北地区各省和中东地区国家、东南沿海各省和东南亚国家,文化背景相似,地理距离较近,这种地方政府和"一带一路"沿线国家之间的交流有效性更强。

第二,互派留学生,加强青年的交流活动。近年来,我国政府出台了多项奖学金政策,吸引了大批发展中国家学生来我国留学,但我国的留学生多流向英美澳等发达国家。随着"一带一路"倡议的实施,"一带一路"沿线国家的投资活动增加,急需了解双边语言、文化、宗教等特征的复合型人才。因此,在需求增加的基础上,政府再出台一些有针对性的鼓励措施,引导我国的青年学生到这些国家交流,加强双边国家青年之间的交流,从源头上降低我国对外投资活动的障碍。

(四) 规范和推动中介机构的发展

中介机构在海外跨国并购过程中发挥着至关重要的作用。通过 BVD 公司的 Zephyr 数据库可以看出,中国企业海外并购聘请的最多的中介机构为金融和法律类的中介机构,但多为外资企业,尤其是金融类的中介机构。另外,中国海外并购过程中存在大量的"broker"即经纪人角色的中介机构,多为各种类型的证券公司,规模较小,管理不规范。中介机构在跨国并购过程中发挥着重要作用,包括跨国并购信息的提供、前期的尽职调查、并购谈判等都需要专业的中介机构的指导,因此,培养中国自己的大型的专业中介机构是国家现阶段的重要任务。政府可采取以下具体措施推动中国本土中介结构的发展:

第一,多种方式培养和引入跨国并购过程中所需要的财务、法律等专业的高端人才。跨国并购行为需要大量的既具备熟练的外语技能又具备财务、法律等相关专业性知识的复合性人才。这种人才不仅我国急需，在世界上也是抢手的人才，政府和企业要从薪资、工作环境、其他配套措施等方面提供各种支持，吸引这种人才回国创业或为中国企业服务。同时，挑选国内名校相关专业的优秀学生，由国家和学校给予支持，给这些学术提供出国交流、名企实习等机会，从源头上培养一批优秀的人才。

第二，出台相关标准，规范管理现有中介结构。政府要对现有的跨国并购中介结构进行规范和整治，比如出台中介机构的信誉评价机制，对在跨国并购过程中涉及到的会计师事务所、律师事务所、咨询机构等分别制定不同的信誉评价机制并进行考核，以评促建，推动跨国并购中介结构逐渐走向规范化和规模化，将缺乏资质的中介机构自然淘汰。

第三，多种模式与国外先进的中介结构合作。无论是法律还是财务类的中介结构，都需要时间和经手的案例来积累丰富经验，才能高效地处理复杂的跨国并购案例。而该行业的初创企业，由于缺乏经验，企业不敢冒风险来雇佣他们，导致了一个恶性循环。因此，中国的中介公司要想做大做强，可以通过与国外先进中介结构合作的模式来提高自身的经验和能力。

（五）完善相关的法律法规

我国企业的跨国并购从无到有仅仅经历了 30 年的时间，2010 年以后呈现增长速度快、交易规模大等特点，但政府的相关法律法规远远落后于跨国并购的发展速度。随着跨国并购的飞速发展，全国各地出现了一些相关的法律法规，但至今仍没有全国统一的规范并购行为的法律法规。对并购行为的监管和规范，多依赖于《证券法》《公司法》等法律法规中与并购相关的内容。因此，制定全国统一专门的并购方面的法律法规是非常有必要的，一方面可以约束来华并购企业的行为，同时也对中国企业海外并购的相关行为的监管提供法律依据。

三、企业视角下促进我国企业跨国并购发展的对策分析

（一）加强对企业跨国并购过程的风险防范能力

企业在跨国并购过程中面临的风险主要有政治风险、法律风险、财务风险和整合风险（王少杰，2016[①]）。对中国企业来说，现阶段最难克服的风险为政治风险。由于国家制度和发展水平之间的差异，很多国家对中国企业的跨国并购存有偏见和误解，认为中国企业的国有化背景在跨国并购过程中会带有国家战略，

---

① 王少杰. 中国企业海外并购主要风险及应对策略［J］. 特区经济，2016（9）.

从而从国家安全的角度对中国企业的跨国并购设置障碍。因此，中国企业要结合具体的跨国并购案例，提前预估该项跨国并购可能面临的政治风险，在并购谈判过程中采取一些公关手段来尽可能地减轻可能出现的政治风险。早期的中国企业跨国并购出现法律风险和财务风险的情况较多，主要是因为缺乏相关经验和相关专业人才。近期的跨国并购此种情况的风险较少，一方面是因为企业前期积累了大量经验，知道如何去处理此类问题，另一方面是企业有意识地引入了大量法律和财务方面的专业人才，聘请专业的咨询机构来参与到跨国并购过程中，一定程度上也减弱了财务风险和法律风险。跨国并购过程中面临的整合风险仍然影响着中国企业跨国并购的绩效，大约70%的跨国并购失败源于后期的整合失败。企业在后期整合过程中，一定要注意并购双方文化的整合，并不一定要求文化的互融，只需要同化即可。可能的情况下，尽可能采用原有的管理层和当地员工，适当调整原有管理模式。

（二）注重并购后母子公司之间的知识转移

中国企业跨国并购的目标国家多为发达国家的主要原因在于发达国家具备同行业最为先进的知识和技术，获取这些知识和技术是中国企业跨国并购的主要目标之一。跨国并购完成以后，首先，并购企业要注意原有专业技术人才的留用，从薪资、职务等方面给予支持，防止该类人员的流失。其次，尽快地转移、维护和升级技术。通过并购双方技术人员的交流等方式促进知识转移，注意考虑新技术、新知识是否适合国内企业的背景，能否促进产业升级。最后，拥有技术并不是企业的最终目标，还要进一步投入，不断升级技术，为企业创造更多的额外价值。

（三）利用跨国并购提升自身的品牌形象和企业地位

近年来中国企业的跨国并购规模不断扩大，出现了"蛇吞象"式的并购，如联想并购IBM、吉利并购沃尔沃都是典型案例。这两个案例的共同特点是目标方为该行业内老牌企业，历史悠久，品牌价值较高，收购完成以后，两者的品牌理念、运作思路以及企业的国际地位都有了大幅度提升。因此，跨国并购过程中，中国企业不仅从目标方学习先进的技术知识，而且还要恰当使用目标企业的无形资源，提升自身的知名度。

第七章 组织经验、文化距离和跨国并购决策

关于企业跨国并购行为的研究,前期研究多关注并购绩效(Amihud 和 Lev,1981;King 等,2004)和会导致并购失败的因素(Husted 等,2005;Markides 和 Oyon,1998),后续有学者开始关注企业并购行为的前因(Haleblian 和 Kim,2006;Collins 等,2009;Peng 和 Fang,2010)。国外学者从企业国际化过程中战略选择的角度探讨了影响跨国并购决策的因素,他们认为,企业国际化过程中可以选择绿地投资、并购、合资或者联盟等模式(Hitt 等,2004;Brouthers 等,2005;Collins 和 Hitt,2006)。随着国际竞争的加剧,企业必须选择正确的战略模式与竞争者展开竞争,并研究什么因素会导致企业在国际投资过程中做出跨国并购的决策(Nadolska 和 Barkema,2007)。国内学者在对跨国并购决策研究时的角度不同于国外学者。国内学者多从公司治理和风险的角度来探索影响并购决策的因素(周焯华和廖贤超,2008;刘锴和纳超洪,2015)。但无论从何种角度,企业要做出跨国并购决策,企业前期行为所积累的专门知识和技能都会对企业的后续战略行为产生影响,Collins 等(2009)、Peng 和 Fang(2010)以及范黎波和张岚(2015)都对此进行了研究。但前人研究仅关注了并购行为本身积累的经验对跨国并购决策的影响,忽略了企业其他国际化行为以及外部学习的经验是否影响了跨国并购决策。

企业前期经验对企业后续战略行为有显著影响(Huber,1991;Nelson 和 Winter,2002;Macher 和 Boerner,2012),前期经验是形成组织能力的重要影响因素(Barney 等,2011;Bingham 和 Eisenhardt,2011),学者们从联盟(Anand 和 Khanna,2000;Gulati 等,2009)、合资(Hoang 和 Rothaermel,2010)、国际化(Chang,1995;Jung 等,2010)等领域探讨了企业前期经验对后续行为的影响,也有学者探讨了并购过程中企业前期经验对后续并购行为的影响(Baum 等,

2000；Nadolska 和 Barkema，2013）。本章将深入探讨这一问题，将企业前期积累的经验从知识来源上分为企业自身经验和外部模仿经验，其中企业自身经验包括国内并购经验、国际合资经验、跨国并购经验，外部模仿经验包括同行业成功经验和同行业失败经验，在跨国并购的行为背景下探讨经验对企业并购决策行为的影响。

第一节 研究假设

一、企业自身经验对跨国并购决策的影响

行为学习理论认为，惯性普遍存在于组织行为中（Cyert 和 March，1963），存在于战略行为中的惯性会转化为战略动力（Miller 和 Friesen，1980）。Amburgey 和 Miner（1980）定义了并购领域的三种战略动力，分别为重复动力、积极结果动力以及背景动力。其中重复动力即企业重复某种特定的前期行为，是最基础的战略动力。当企业重复操作某项行为时，企业形成了关于这项行为的常规行为，从而在实施这项行为时具备了一定竞争力，因此企业就有了再次进行这种战略行为的重复动力（Amburgey 和 Miner，1992）。当企业重复操作某项战略行为时，企业采取的行为会形成常规行为，从而转化为经验，而企业的常规行为对企业后续行为有显著影响。本章探讨了企业国内的并购经验、跨国并购经验和国际合资经验对企业跨国并购决策的影响。

（一）国内并购经验对企业跨国并购决策的影响

在某个领域有前期经验的企业会关注这个领域的信息，更为有效地获取和评价信息，确定该信息是否符合企业需求（Dutton 和 Thomas，1984）。企业在国内并购过程中学习了如何操作并购，包括并购目标的选择、尽职调查、谈判等过程（Barkema，2007），从而积累经验，将并购行为内化为企业的常规行为，影响企业的后续决策。同时，国内的并购经验还可以转化为跨国并购过程中的风险降低能力，为企业后续跨国并购行为提供支持（Reuer 等，2004），从而提升了企业后续进行跨国并购的可能性（Collins 等，2009）。本部分在考虑国内并购经验时仅考虑成功的并购经验。成功的经验表明组织的前期行为或战略在该环境下是有效的，企业管理者会重复和加强这些规则和行为，从而改变了组织的效率和绩效

（Greve，2003），也提升了管理者持续学习的信心（Schwab 和 Miner 2008），从而会对企业的后续战略行为产生正向影响。基于以上论述，本研究认为：

H1：成功的国内并购经验对企业跨国并购决策有显著影响。

（二）跨国并购经验对企业跨国并购决策的影响

行为学习理论的核心概念是组织的常规行为来源于组织经验（Levitt 和 March，1988），企业的常规行为是企业前期执行某项专门任务所积累经验的反馈（Nelson 和 Winter，1982）。很多研究表明，组织成员在执行某项任务时积累的经验越多，他们越有可能重复这项行为（Amburgey 等，1993；Shaver 等，1997；Peng 和 Fang，2010）。组织学习相关研究表明，当企业在某个战略行为上积累了经验时，不管这个行为的结果是成功还是失败，都增加了企业重复实施这项行为的可能性（March，1981；Amburgey 和 Miner，1992）。当企业重复某项行为时，就形成了企业的常规性行为，企业的常规性行为在形成企业战略决策时发挥着重要作用。

相关研究表明，很多企业的并购选择被其早期的经验驱动（Hayward，2002；Haleblian 等，2006）。相对没有跨国并购经验的企业，有更多跨国并购经验的企业更容易进行下一次跨国并购。因为企业完成一项跨国并购以后，进入一个路径依赖的时期，来寻找下一次机会，而前期的并购行为丰富了他们的知识，拓展了他们的视野，从而更有可能进行下一次收购（Collins 等，2009）。企业通过前期收购构建的专门的知识和技能促进了企业进行下一次收购（Haleblian 和 Finkelstein，1999；Finkelstein 和 Haleblian，2002；Shimizu 等，2004）。因此，基于以上论述，本研究认为：

H2：跨国并购经验显著正向影响了企业的跨国并购决策。

（三）国际合资经验对企业跨国并购决策的影响

企业前期经验对企业的进入决策产生影响源自两种原因，基于惯性的观点和基于学习的观点（Xia 等，2009）。基于惯性的观点认为，企业会重复前期的行为，前期重复操作某种战略形成了常规行为，产生惯性，企业在后续进入时会采用前期的投资决策（Hannan 和 Freeman，1984）。这种观点认为，当企业前期积累了合资经验，积累了与合资行为相关的知识，就可以应用在后续合资行为中，因此，企业后期会继续采取这种方式进行对外直接投资。基于学习的观点认为，企业在前期行为中学到的经验可以转移到新行为中（Xia 等，2009）。Meyer 和 Tran（2006）认为，当企业采取合资模式时，只是转移了部分资源到新组织中，双方各自保留自己的核心资源，企业各种行为受合资条约的限定，因此很多企业通过初期的合资行为积累经验,熟悉外部环境和操作规则,将合资行为作为企业后期并购行为的垫脚石。因此,基于组织学习的观点,当企业合资行为较少时,随着合资行为的增加,积累的经验增多,企业做出跨国并购决策的可能性增加,而基于惯性观点,当企业合资行为增加到一定程度,组织形成了惯性,企业继续使用这种行为进行对外直接投资的可能性增加。基于以上论述,本研究认为:

H3:企业的国际合资经验和跨国并购决策之间呈现倒U形关系。

二、外部学习经验对跨国并购决策的影响

模仿学习是行为学习的一种重要方式,组织观察其他企业行为并实施相似的行为(Haunschild,1993,1994;Haunschild 和 Beckman,1998;Henisz 和 Delios,2001)。当企业跨国并购过程中,面临外部高风险和高不确定性的情况下,跨国公司更容易模仿其他企业的战略行为(Yang 和 Hyland,2012)。战略选择理论认为,模仿是企业应对竞争者行为的战略反应,由前期进入者承担进入和开拓的风险和成本。

组织间模仿被认为是影响企业国际化战略的重要因素(DiMaggio 和 Powell,1983;Haunschild 和 Miner,1997)。组织间模仿行为分为三种模式:基于频率的模仿(Frequency - based Imitation)、基于轨迹的模仿(Trait - based Imitation)以及基于结果的模仿(Outcome - based Imitation)。其中,基于频率的模仿指的是组织实施一些被其他组织大量使用的行为;基于轨迹的模仿指组织使用一些具有特定特征的其他组织所使用的行为;基于结果的模仿指的是组织模仿过去结果较好的组织行为,而避免模仿结果较差的组织行为。本书将基于轨迹的模仿和基于结果的模仿行为结合起来,探讨具有特定特征的不同结果的外部行为对企业后续战略的影响,在跨国并购背景下探讨同行业的成功或失败的跨国并购经验对企业跨国并购决策的影响。

(一)外部成功的跨国并购经验对跨国并购决策的影响

制度理论研究表明,企业更倾向于模仿他们认为是最亲密的竞争者的行为(White,1981),而企业的最亲密竞争者多为同行业企业。研究表明,组织会模仿同行业企业的行为(Ingram 和 Baum,1997;Henisz 和 Delios,2001)。同行业企业的相关经验显著增强了同行业企业对其行为的敏感性(Martin 等,1998;Haunschild 和 Miner,1997;Guillen,2002)。有越多的企业实施某项战略,后续企业越有可能模仿其行为(Yang 和 Hyland,2012)。

行为学习理论认为,个体的行为受其过去行为结果的影响(Bower 和 Hilgard，1981），外部行为的模仿也受结果的影响（Lu，2002），相对于不成功的企业，成功企业的行为更容易被模仿，因为企业相信如果模仿成功企业的行为会对企业产生积极的影响。因此，当企业进行跨国并购时，当同行业的企业在某个国家实施了成功的跨国并购时，企业更容易做出跨国并购决策。基于以上论述，本研究认为：

H4：同行业企业成功的跨国并购经验对企业跨国并购决策有正向影响。

（二）外部失败的跨国并购经验对跨国并购决策的影响

组织学习理论认为企业可以从他们自己或别人失败的经验中学习（Chuang 和 Baum，2003；Baum 和 Dahlin，2007；王宛秋和刘璐琳，2015）。与外部成功的经验对企业的模仿行为产生促进作用相反，外部失败的经验会导致企业改变其战略，避免与同行业其他企业产生相同的结果（Miner 等，1996）。跨国并购过程中，当同行业企业在某个区域的跨国并购失败时，企业出于规避风险的策略，会改变其战略，放弃在该国进行跨国并购的决策。基于以上论述，本研究认为：

H5：同行业的失败的跨国并购经验对企业跨国并购决策有负向影响。

三、文化距离与跨国并购决策

（一）文化距离对企业跨国并购决策的影响

企业进行跨国并购最大的挑战是缩短母国和东道国之间信息不对称的水平（Barkema 等，1996）。文化距离增加了跨国并购中信息不对称的水平，逆向选择的风险升高（Bauer 和 Matzler，2014）。跨国并购过程中，并购企业需要了解目标企业的相关信息，包括目标企业在所在行业的地位、目标企业的市场份额等，这些信息帮助并购企业正确地评价目标企业的价值以及并购完成后能否较好地对目标企业进行整合，从而降低逆向选择风险。企业需要获取目标企业详细的金融、战略以及组织信息，来评判后期整合的难度（Pablo，1994）。并购企业获取目标企业信息的来源主要分为正式渠道和非正式渠道两类。并购方可以通过当地的新闻报道、专业的咨询机构或与企业的正式交流等正式渠道获取目标企业的信息，但往往非正式渠道的信息更加可靠。但当并购双方文化差异较大时，母国和东道国之间会产生一个空缺，阻碍东道国信息的解码和流通（Luostarinen，1980；Petersen 等，2008），并购企业很难真实地去评价目标企业，为了规避风险，会放弃跨国并购决策。基于以上论述，本研究认为：

H6：随着并购双方的文化距离增加，企业做出跨国并购决策的可能性越小。

(二) 文化距离的调节作用

转移理论认为从一个情景到另一个情景转移一个熟悉的技能依赖于双方的相似性（Yelon 和 Ford，1999）。当企业在不熟悉的环境中进行跨国并购时，其从过去的跨国并购行为中学习的能力会减弱（Barkema 等，1996；Uhlenbruck，2004；Barkema 和 Drogendijk，2007），而文化距离是阻碍经验传递的主要原因（Petersen 等，2008），因此，并购双方所在国家的文化距离对并购经验和跨国并购决策之间的关系会产生影响。

对企业自身经验来说，无论是国内并购经验还是跨国并购经验和国际合资经验，企业通过前期的投资行为积累了经验，形成了企业常规行为，进入路径依赖期，从而提升企业进行下一次并购的可能性。但当并购双方文化距离较大时，文化差异会阻碍企业在并购过程中前期经验的转移和应用，企业无法依据前期积累的经验来判断目标企业国家的风险以及目标企业的价值，为了规避逆向选择风险，企业有可能放弃并购活动。基于以上论述，本研究认为：

H7：随着并购双方所在国家文化距离的增大，企业自身经验对企业下一次并购的影响变弱。

企业外部经验的学习过程是一个模仿学习的过程，企业根据同行业企业在目标国家跨国并购行为的结果来决定是否进行下一次并购。根据制度理论，当企业面临的环境不确定性越强的时候，他们更倾向于模仿他人的行为（DiMaggio 和 Powell，1983；Meyer 等，1983）。并购双方企业所在国家的文化距离越大，企业在进入时面临的不确定性越强，因此，企业越有可能模仿同行业企业的行为来做出跨国并购决策。基于以上论述，本研究认为：

H8：文化距离对企业外部经验和跨国并购决策之间关系有显著正向调节作用。

本章的理论模型如图 7-1 所示。

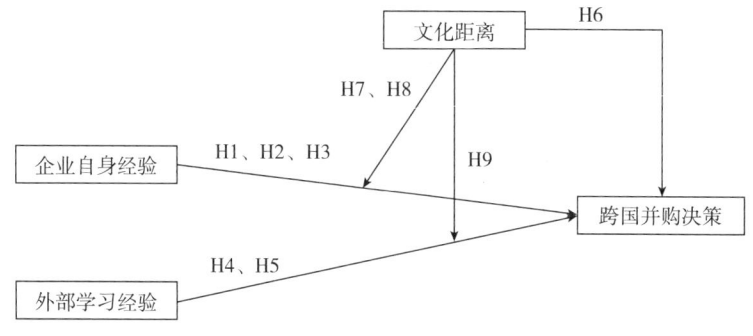

图 7-1 本章理论模型

第二节 研究设计

一、数据来源

本研究所采用的数据源自 BVD 公司的 Zephyr 全球并购交易分析数据库,该数据库关于并购数据的统计为 1997 年以后,故本研究的样本数据时间范围为 1997 年 1 月 1 日至 2015 年 12 月 31 日中国企业进行的跨国并购,在此时间范围内中国企业跨国并购的总数目为 3209 件,为了保证实证结果的可信性,本书对样本进行了筛选:

第一,剔除并购方为个人或者投资团体的并购项目。

第二,剔除中国在英属维京群岛、开曼群岛、百慕大等避税区的跨国并购项目①。

第三,剔除在此期间进行的跨国并购事件为该企业首次的跨国并购的样本,即删除跨国并购经验等于零的样本。

按照上述标准对样本进行排除,最后得到的样本数量为 529 个跨国并购案例。

二、变量定义

(一)自变量和调节变量

并购经验(Experience)。对并购经验的测量一般有两种方法,第一种方法是采用企业前期跨国并购的次数(Muehlfeld 等,2012;Basuil 和 Datta,2015),第二种方法是采用二元方法,企业前期是否有并购行为来界定(Markides 和 Ittner,1994;Wright 等,2002)。本书采用第一种方法来测量并购经验,以焦点并购发生前企业进行的跨国并购的次数来度量并购经验,并对并购经验进行详细地分类分析。

国内并购经验(Domestic M&A Experience),焦点并购发生前企业进行的国

---

① 笔者这里并没有去掉中国企业在中国香港和中国澳门的跨境并购项目,本书认为由于中国香港和中国澳门地区在法律、文化背景等方面与中国大陆有明显差异,因此,在此区域进行的跨国并购行为积累的经验对企业的海外并购是有指导作用的。

内并购次数,本书在研究时仅考虑交易金额在1万美元以上的国内并购。笔者根据Zephyr数据库计算所得。

跨国并购经验(Cross M&A Experience),焦点并购发生前企业进行的跨国并购次数,仅考虑成功的跨国并购。笔者根据Zephyr数据库计算所得。

国际合资经验(Cross J&V Experience),焦点并购发生前企业进行的国际合资次数,笔者根据Zephyr数据库计算所得。

同行业企业成功的跨国并购经验(Same Industry Success Experience),与焦点并购目标企业在同一国家的同行业企业成功的跨国并购次数记为同行业企业成功的跨国并购经验。本书对同行业的判断是根据Zephyr数据库中标准的4位行业代码进行判断,若四位SIC代码的前两位相同则认为是同行业,不同则不是同一行业。数据是笔者根据Zephyr数据库整理所得。

同行业企业失败的跨国并购经验(Same Industry Failure Experience),与焦点并购目标企业在同一国家的同行业企业失败的跨国并购次数记为同行业企业失败的跨国并购经验。数据是笔者根据Zephyr数据库整理所得。

文化距离(Cultural Distance),对文化距离的度量我们采用Kogut和Singh(1988)提出的方法,数据来自Hofstede的五维度数据(Hofstede,2010),计算公式为$CDj = \sum_{i=1}^{5}[(I_{ij} - I_{i,China})^2 / V_i]/5$,其中$I_{ij}$指的是j国家i维度的文化指数,$V_i$代表i维度的方差,$CDj$即中国和目标企业所在国家的文化距离。

(二)控制变量

从国家层面、交易层面和企业层面来设置控制变量。

1. 国家层面

国家层面的控制变量主要包括并购双方所在国家之间的地理距离、制度距离、东道国GDP的变化值。

(1)地理距离(Distance)。对地理距离的测量,我们采用的是法国CEPII数据库关于地理距离的数据。CEPII是关于距离度量的比较全面的数据库,包括geo_cepii和dist_cepii两个数据库,其中geo_cepii数据库包括全世界225个国家在国家层面的地理相关的变量,dist_cepii数据库是动态的,度量国家与国家之间的距离的相关变量,有两种距离的测量方法,一种是简单距离,一种是加权距离。简单距离是根据每个国家最重要的城市(依人口来定)或首都的经纬度采用公式计算的球面距离,在数据中有两个简单距离,分别为dist(重要城市之间)和distcap(首都之间);加权距离通过计算两个国家最大城市之间的双边距离来代表两个国家之间的距离,城市间的距离由该城市人口占全国总人口的比例来加权。本书研究的是地理距离对企业跨国并购行为的影响,探讨的是距离对企业经济行为的影响,因此本书采用的距离为简单距离中的重要城市之间的距离(dist),因为很多国家,如美国、澳大利亚等,是采用的政治中心和经济中心分离的策略,首都并不一定是该国的经济中心,因此本书不采用首都之间的距离,而采用每个国家最重要城市之间的距离来度量国家间的地理距离。地理距离对企业的国际化行为有直接影响(Peng 等,2010)。

(2) 制度距离(Institutional Distance)。对制度距离的度量我们采用 Li 等(2016)的方法,考虑制度距离的经济距离、政治稳定性和腐败的控制程度三个维度,经济距离采用收购年份的中国的人均 GDP 和目标企业所在国家的人均 GDP 的自然对数,各国人均 GDP 的数据来自世界银行。政治稳定性指数和腐败的控制程度数据来自世界银行的世界治理指数,采用主成分分析法对这三个维度进行分析,提取制度距离主成分,计算制度距离的主成分分析法的公式为:

$$ID = 0.57 \times economic\_dis + 0.60 \times Control\_of\_Corruption + 0.56 \times Political\_Stability \tag{7-1}$$

(3) 东道国的 GDP 变化值(GDP Change)。它代表了目标企业所在国家的市场潜力和市场增长情况(Collins 等,2009),用并购交易所在年份和前一年东道国 GDP 的增长率来进行度量,数据来自国际货币基金组织(IMF)。

2. 交易层面

交易层面的控制变量包括交易双方行业相关性、交易双方的相对规模、交易价值以及是否雇佣中介。

(1) 交易双方行业相关性(Same Industry)。并购企业和目标企业为同一行业的为 1,否则为 0,根据 SDC 数据库中标准的 4 位行业代码(SIC)中前两位判断,若前两位的数字相同则为 1,不同为 0。数据来自 SDC 数据库。

(2) 交易双方的相对规模(Relative Size)采用并购双方总资产的比例进行度量。

(3) 交易价值(Deal Value)是该项跨国并购交易的总价值。是否雇佣中介(Advisor),并购过程中只要雇佣中介,无论是财务角度还是法律角度,都记为 1,否则为 0。

3. 企业层面

企业层面的控制变量包括并购企业规模、并购企业国际化程度、目标企业身份、并购企业身份、并购前企业的盈利情况等。

并购企业规模(Acquirer Size)对企业进行并购的频率有显著影响(Hoskisson,1993、1994),采用并购企业在交易所在年份总资产的对数进行度量。并购企业国际化程度(Acquirer Internationalization)采用并购企业海外子公司的数目来度量(Tallman等,1996)。目标企业身份(Public Target)是二元变量,目标企业为上市公司为1,否则为0。并购企业身份(SOE Acquirer)同样为二元变量,并购企业最终身份为国有控股或政府控股为1,其余为0。并购前企业的盈利情况(Acquirer Profit)取焦点并购发生前三年并购企业税后盈利金额的均值。本章的研究变量的定义和度量如表7-1所示。

表7-1 变量定义和度量

	变量名称	变量符号	变量的度量及数据来源
自变量	国内并购经验	Domestic M&A Experience	焦点并购前期企业国内并购的次数,笔者根据 Zephyr 数据库资料计算得出
	跨国并购经验	Cross M&A Experience	焦点并购发生前企业进行的跨国并购次数,仅考虑成功的跨国并购。笔者根据 Zephyr 数据库计算所得
	国际合资经验	Cross J&V Experience	焦点并购发生前企业进行的国际合资次数,笔者根据 Zephyr 数据库计算所得
	同行业企业的成功的跨国并购经验	Same Industry Success Experience	与焦点并购的目标企业所在同一国家的前期同行业成功的跨国并购次数,笔者根据 Zephyr 数据库资料计算得出
	同行业企业失败的跨国并购经验	Same Industry Failure Experience	与焦点并购的目标企业为同一国家的前期同行业失败的跨国并购次数,笔者根据 Zephyr 数据库资料计算得出
调节变量	文化距离	Cultural Distance	采用 Hofstede 的五维度数据计算
控制变量	地理距离	Distance	并购双方企业所在国家最重要城市之间的距离取对数,数据来自法国 CEPII 数据库
	制度距离	Institutional Distance	提取交易双方所在国家的经济距离、政治稳定性和腐败的控制程度三个维度,用主成分分析法进行计算。各国人均 GDP 的数据来自世界银行。政治稳定性指数和腐败的控制程度数据来自世界银行的世界治理指数
	东道国 GDP 的变化率	GDP Change	并购交易所在年份和前一年东道国 GDP 的增长率来进行度量,东道国 GDP 的数据来自国际货币基金组织(IMF)

续表

	变量名称	变量符号	变量的度量及数据来源
控制变量	行业相关性	Same Industry	根据Zephyr数据库中标准的4位行业代码中前两位判断,若前两位的数字相同则为1,不同为0。数据来自Zephyr数据库
	交易双方的相对规模	Relative Size	并购双方总资产的比例进行度量,数据来自Zephyr数据库
	交易价值	Deal Value	该项跨国并购交易的总价值取对数,数据来自Zephyr数据库
	是否雇佣中介	Advisor	交易中雇佣了中介为1,否则为0。数据来自Zephyr数据库
	并购企业规模	Acquirer Size	采用并购企业在交易所在年份总资产的对数,数据来自Zephyr数据库
	并购企业国际化程度	Acquirer Internationalization	采用并购企业海外子公司的数目来度量,数据来自Zephyr数据库
	并购企业身份	SOE Acquirer	并购企业最终身份为国有控股或政府控股为1,其余为0,数据来自Zephyr数据库,缺失值通过Wind数据库补充
	目标企业身份	Public Target	二元变量,目标企业为上市公司为1,否则为0,数据来自Zephyr数据库
	并购前企业的盈利情况	Acquirer Profit	取收购发生前三年并购企业税后盈利金额的均值,数据来自Zephyr数据库,缺失值通过Wind数据库补充

三、研究方法

本书的因变量是企业的跨国并购决策,即企业是否进行下一次跨国并购,通过样本企业焦点并购后是否进行下一次并购的风险进行度量。与前人研究一致,本书采用Cox比例风险模型来进行检验(Collins等,2009;Peng和Fang,2010)。

著名统计学家Cox提出了著名的Cox等比例风险模型(简称Cox模型)(Cox,1972;Cox和Oakes,1984)。这一方法最初在医学领域得到广泛应用,近年来推广到经济学领域(Johnson,2004;Danielsen和Warr,2007)。Cox方法的

基本模型与多元回归分析相似,区别在于其因变量为风险函数。Cox 比例风险模型的基本公式为:

$$h_i[z(t)] = h_0(t) \exp \sum_{j=1}^{p} \beta_j z_j^i(t) \tag{7-2}$$

其中,$h_i[z(t)]$ 是企业 i 在时间 t 上的风险函数,即企业 i 存活 t 期后死亡的概率,本书指企业实施下一次跨国并购;$h_0(t)$ 是基准风险函数,即个体不受外生变量影响下的风险函数,即所有的外生变量为 0 的情况下的风险;j 代表时间所属的时间周期;$z_j^i(t)$ 为所有的解释变量,随着样本和时间的变化而发生变化;β_j 是 $z_j^i(t)$ 的回归系数,每个解释变量的系数来解释 Cox 模型,当某个变量的系数为正时,说明这个变量增加了风险发生的可能性,反之,当系数为负时,说明随着这个变量的增加,风险会降低,本研究指的是企业是否做出跨国并购决策。本研究采用 SAS9.4 统计分析软件对数据进行分析。

第三节 实证结果

一、描述性统计分析结果

表 7-2 给出了各个变量的描述性统计分析结果。从中可看出,从企业自身经验来说,企业积累的国内并购经验更多,均值为 3.82,最大值高达 134 次,跨国并购经验的均值和国内并购经验差异不大,但最大值仅为 18 次。跨国合资经验较少,说明中国企业在国际化过程中多采用跨国并购模式。从外部学习经验来看,同行业成功的经验多于同行业失败的经验,同行业成功的经验均值为 1.16,而同行业失败的经验均值仅为 0.44,说明企业跨国并购过程中更容易模仿外部成功的行为来做出决策,这一点在后面的实证研究中可以得到验证。

国家层面的控制变量文化距离、制度距离还是地理距离的差异都较大,说明我国企业跨国并购的区域分布较广,国家之间差异明显。本章还控制了 GDP 变化率,最小值为 -0.08,最大值为 0.24,均值为 0.02,说明大多数国家 GDP 变化情况为增长。跨国并购双方同行业的均值仅为 0.39,即大多数企业的跨国并购发生在不同行业之间。雇佣中介(Advisor)均值为 0.35,与第六章的差异不大。收购企业国有企业(SOE Acquirer)的均值为 0.45,表明非国有企业在样本中占

第七章 组织经验、文化距离和跨国并购决策

有较大比例，但第六章成功的跨国并购样本中，国有企业所占比例明显高于非国有企业。目标企业是否上市公司（Public Target）的均值仅为0.25，说明我国企业跨国并购的样本企业多为非上市公司，非上市公司的特点也增加了我国企业跨国并购的难度，影响了跨国并购的决策。

表7-2 变量的描述性统计分析结果

编号	变量	均值	中位数	标准差	最小值	最大值
1	Domestic M&A Experience 国内并购经验	3.82	1	12.12	0	134
2	Cross M&A Experience 跨国并购经验	3.07	2	3.18	1	18
3	Cross J&V Experience 国际合资经验	0.17	0	0.61	0	5
4	Same Industry Success Experience 同行业成功的经验	1.16	0	2.32	0	11
5	Same Industry Failure Experience 同行业失败的经验	0.44	0	0.96	0	7
6	Cultural Distance 文化距离	3.29	3.35	2.16	0.42	11.72
7	Distance 地理距离	3.80	3.91	0.30	2.98	4.29
8	Institutional Distance 制度距离	3.76	4.04	0.97	0.27	8.31
9	GDP Change 东道国GDP的变化率	0.02	0.01	0.04	-0.08	0.24
10	Same Industry 并购双方是否为同行业	0.39	0	0.67	0	1
11	Relative Size 并购双方的相对规模	1.59	1	1.21	-2	6
12	Deal Value 交易价值	4.57	4.47	1.05	1.22	7.02
13	Advisor 是否雇佣中介	0.35	0	0.48	0	1

续表

编号	变量	均值	中位数	标准差	最小值	最大值
14	Acquirer Size 并购企业的规模	6.62	6.50	1.18	3.12	9.45
15	Acquirer Internationalization 并购企业的国际化水平	1.17	1.44	0.79	0	2.71
16	SOE Acquirer 并购企业身份	0.45	0	0.50	0	1
17	Public Target 目标企业身份	0.25	0	0.43	0	1
18	Acquirer Profit 并购前企业的盈利情况	5.19	5.0	1.01	2	7

表7-3给出了各个变量之间Pearson相关的结果。由表7-3可以看出，大多数变量之间的相关系数在0.2以下，相关系数并不大。为了避免变量之间的多重共线性带来的影响，在对数据进行处理的基础上计算了各个变量的方差膨胀因子，得出方程中各个变量的方差膨胀因子都小于5，远小于10的可容忍程度，说明方程中各个变量之间的多重共线性并不显著。

二、企业自身经验对跨国并购决策的影响

表7-4展示了企业自身经验与跨国并购决策的回归结果。模型1检验了控制变量的影响。从模型1可以看出，国家层面的控制变量对跨国并购决策的影响较为明显。除了地理距离，制度距离和GDP的变化率都显著负向影响了企业的跨国并购决策。本书对制度距离的度量采用的是经济距离、政治稳定性和腐败程度三个变量的主成分分析结果。从拟合结果可以看出，制度距离越大，说明东道国与我国的经济距离差距越大，东道国的政治风险越高，企业为了规避风险，很有可能放弃在该国的跨国并购行为。东道国的GDP变化率也显著负向影响了企业的跨国并购决策，其系数为 -4.25（$p=0.001<0.01$），在1%的显著性水平下显著负向影响了企业的跨国并购决策。GDP的变化情况反映了东道国的市场潜力和经济增长情况，GDP的变化率为负表明该国的市场潜力降低，企业做出放弃跨国并购的决策。交易层面的控制变量中，仅有行业相关性显著正向影响了跨国并购决策，跨国并购交易双方如果为同一行业的话，风险较低，企业更有可能做出

表7-3 变量Pearson相关系数

编号	变量	1	2	3	4	5	6	7	8	9	10	11	12	13	14	15	16	17	18
1	国内并购经验	1	—	—	—	—	—	—	—	—	—	—	—	—	—	—	—	—	—
2	跨国并购经验	0.08	1	—	—	—	—	—	—	—	—	—	—	—	—	—	—	—	—
3	国际合资经验	0.01	0.06	1	—	—	—	—	—	—	—	—	—	—	—	—	—	—	—
4	同行业成功的经验	0.12	0.23	0.12	1	—	—	—	—	—	—	—	—	—	—	—	—	—	—
5	同行业失败的经验	-0.08	0.19	0.07	0.22	1	—	—	—	—	—	—	—	—	—	—	—	—	—
6	文化距离	-0.01	0.05	0.09	0.03	0.13	1	—	—	—	—	—	—	—	—	—	—	—	—
7	地理距离	0.06	0.20	0.08	0.06	0.16	-0.25	1	—	—	—	—	—	—	—	—	—	—	—
8	制度距离	-0.05	-0.17	-0.12	-0.19	0.05	-0.37	0.01	1	—	—	—	—	—	—	—	—	—	—
9	东道国GDP的变化率	0.20	0.01	0.003	0.06	-0.12	0.01	0.13	0.10	1	—	—	—	—	—	—	—	—	—
10	并购双方是否同行业	-0.10	0.09	-0.06	0.25	0.11	0.07	-0.05	-0.02	-0.08	1	—	—	—	—	—	—	—	—
11	并购双方的相对规模	0.02	0.15	0.20	0.18	0.10	-0.07	0.14	-0.05	-0.002	0.07	1	—	—	—	—	—	—	—
12	交易价值	-0.12	0.20	0.16	0.11	0.01	0.05	0.04	-0.08	-0.15	0.04	-0.09	1	—	—	—	—	—	—
13	是否雇佣中介	0.05	0.01	-0.01	0.04	0.15	0.01	0.05	-0.02	0.02	-0.001	0.04	-0.09	1	—	—	—	—	—
14	并购企业的规模	-0.01	-0.09	0.01	-0.10	0.10	-0.12	-0.02	0.06	-0.004	0.03	-0.07	0.001	0.06	1	—	—	—	—
15	并购企业的国际化水平	0.01	0.03	-0.02	0.02	0.11	0.24	0.004	0.10	-0.03	0.001	-0.10	-0.06	0.11	0.17	1	—	—	—
16	并购企业身份	-0.11	0.14	-0.12	0.05	-0.05	-0.02	0.01	-0.10	-0.04	-0.05	0.09	0.19	-0.01	-0.05	-0.04	1	—	—
17	目标企业身份	-0.01	0.01	0.17	-0.06	-0.03	0.01	-0.08	-0.05	-0.05	0.05	0.05	0.08	-0.14	0.11	-0.13	0.26	1	—
18	并购前企业的盈利情况	0.04	0.25	0.23	0.24	-0.08	0.04	0.04	-0.15	0.03	0.04	0.18	0.22	0.02	0.07	-0.03	0.32	0.23	1

跨国并购决策。企业层面的控制变量仅有目标企业身份和收购者的盈利情况对跨国并购决策有显著影响。

表7-4 企业自身经验与跨国并购决策的回归结果

变量	模型1	模型2	模型3	模型4	模型5	模型6	模型7
Distance 地理距离	0.04 (0.21)	0.10+ (0.24)	0.11 (0.25)	0.22 (0.26)	0.25 (0.26)	0.12 (0.25)	0.16 (0.26)
Institutional Distance 制度距离	-0.12* (0.05)	-0.13* (0.05)	-0.13* (0.05)	-0.12* (0.05)	-0.11* (0.05)	-0.14* (0.05)	-0.12* (0.06)
GDP Change GDP的变化率	-4.25*** (1.38)	-4.25*** (1.40)	-4.23*** (1.40)	-4.36*** (1.40)	-4.48*** (1.41)	-4.25*** (1.39)	-4.26*** (1.39)
Same Industry 行业相关性	0.44*** (0.12)	0.45*** (0.12)	0.45*** (0.12)	0.45*** (0.12)	0.46*** (0.12)	0.45*** (0.12)	0.47*** (0.12)
Relative Size 相对规模	0.02 (0.05)	0.02 (0.05)	0.02 (0.05)	0.02 (0.05)	0.02 (0.05)	0.02 (0.05)	0.01 (0.05)
Deal Value 交易价值	-0.06 (0.05)	-0.05 (0.06)	-0.05 (0.06)	-0.04 (0.06)	-0.04 (0.06)	-0.06 (0.06)	-0.04 (0.06)
Advisor 是否雇佣中介	-0.15 (0.12)	-0.15 (0.12)	-0.15 (0.13)	-0.15 (0.12)	-0.16 (0.12)	-0.15 (0.12)	-0.15 (0.12)
Acquirer Size 收购者的规模	0.01 (0.05)	0.01 (0.05)	0.01 (0.05)	0.01 (0.05)	0.01 (0.04)	0.01 (0.05)	0.01 (0.05)
Acquirer Internationalization 收购企业国际化程度	0.04 (0.07)	0.04 (0.07)	0.04 (0.07)	0.04 (0.07)	0.04 (0.07)	0.03 (0.07)	0.04 (0.07)
SOE Acquirer 收购企业身份	-0.04 (0.12)	-0.04 (0.12)	-0.04 (0.12)	-0.02 (0.12)	-0.01 (0.12)	-0.04 (0.12)	-0.05 (0.12)
Public Target 目标企业身份	0.16 (0.14)	0.17 (0.14)	-0.03 (0.16)	0.17 (0.14)	0.15 (0.14)	0.15 (0.14)	0.17 (0.14)
Acquirer Profit 收购前企业盈利情况	0.10 (0.06)	0.13* (0.06)	0.15* (0.07)	0.12** (0.06)	0.12** (0.06)	0.09 (0.06)	0.08 (0.06)
Cultural Distance 文化距离	—	-0.12* (0.03)	-0.12* (0.03)	-0.13* (0.03)	-0.16* (0.05)	-0.12** (0.04)	-0.14* (0.03)
Domestic M&A Experience 国内并购经验	—	0.01 (0.02)	0.01 (0.01)				

续表

变量	模型1	模型2	模型3	模型4	模型5	模型6	模型7
Domestic M&A Experience × Cultural Distance	—	—	-0.01 (0.02)	—	—	—	—
Cross M&A Experience 跨国并购经验	—	—	—	0.13** (0.02)	0.17** (0.04)	—	—
Cross M&A Experience × Cultural Distance	—	—	—	—	-0.11* (0.01)	—	—
Cross J&V Experience 国际合资经验	—	—	—	—	—	0.18* (0.09)	0.40* (0.17)
Cross J&V Experience^2	—	—	—	—	—	0.12 (0.11)	—
Cross J&V Experience × Cultural Distance	—	—	—	—	—	—	-0.05 (0.03)
-2LOGL	3578.9	3573.6	3575.4	3564.2	3562.9	3570.5	3572.1
Wald Chi2	33.24	34.48	34.22	36.34	37.52	34.26	38.86
Prob > Chi2	0.002	0.004	0.006	0.002	0.002	0.003	0.001
样本量	525	525	525	525	525	525	525

注：*** 表示 $p<0.01$，** 表示 $0.01<p<0.05$，* 表示 $0.05<p<0.1$，括号内数值为标准误差。

模型2检验了国内并购经验对跨国并购决策的影响。从模型2的拟合结果可以看出，国内并购经验正向影响了跨国并购决策，系数为0.01，但检验结果并不显著，H1没有得到验证。模型4检验了跨国并购经验对跨国并购决策的影响。跨国并购经验的系数为0.13（$p=0.034<0.05$），在5%的显著性水平下显著正向影响了跨国并购决策，说明企业在前期并购行为中学习到的经验对企业的后续并购决策会有正向影响，H2得到验证。模型6检验了国际合资经验对跨国并购决策的影响。从模型6结果可以看出，国际合资经验在10%的显著性水平下显著正向影响了跨国并购决策，回归系数为0.18（$p=0.68<0.1$），但国际合资经验的平方项对跨国并购决策的影响并不显著，说明企业的前期国际合资经验能促进后续跨国并购，但并不符合H3提出的国际合资经验与跨国并购决策之间呈现倒U形关系的结论，本书认为原因在于我国企业实施的国际合资较少，国际合资经验不足，还没有形成惯例，所以企业积累的国际合资经验提高了跨国并购决策的概率。

模型 3 的结果表明文化距离对国内并购经验和并购决策之间的关系有负向调节作用,国内并购经验和文化距离的交叉项系数为负（β = -0.01,p = 0.23 > 0.15),但检验结果并不显著。模型 5 的结果检验了文化距离对跨国并购经验和并购决策之间关系的调节作用,检验结果表明文化距离显著负向调节了二者之间的关系,随着文化距离的增加,跨国并购经验对并购决策的影响变弱,即文化距离阻碍了经验对后续并购决策的影响。模型 7 的结果表明文化距离对国际合资经验和跨国并购决策之间的调节作用也不显著（β = -0.05,p = 0.43 > 0.15)。从以上分析可以得出,文化距离显著负向调节了跨国并购经验和跨国并购决策之间的关系,对国内并购经验、国际合资经验和跨国并购决策之间的关系无显著调节作用,H7 部分得到验证。

三、企业外部学习经验对跨国并购决策的影响

表 7-5 展示了企业外部学习经验对跨国并购决策的影响。模型 8 检验了同行业成功的跨国并购经验对跨国决策的影响,Cox 回归系数为 0.08（p = 0.001 < 0.01),表明同行业成功的跨国并购经验显著正向影响了跨国并购决策,同行业企业在某个国家成功的跨国并购行为会对其他企业有示范作用,促进了其他企业的跨国并购决策,H4 得到验证。但同行业失败的跨国并购经验与之结果相反,从模型 10 可以看出,同行业失败的跨国并购经验的回归系数为 -0.22（p = 0.08 < 0.10),在 10% 的显著性水平下显著负相关,表明同行业失败的跨国并购经验阻碍了其他企业的跨国并购行为,H5 得到验证。模型 9 和模型 11 分别检验了文化距离对成功经验和失败经验的调节作用。从拟合结果可以看出,文化距离对成功经验和失败经验对跨国并购决策的影响都呈现正向调节作用,但检验结果并不显著,因此 H8 没有得到验证。

表 7-5　外部学习经验与跨国并购决策的回归结果

变量	模型 1	模型 8	模型 9	模型 10	模型 11
Distance 地理距离	0.04 (0.21)	0.11 (0.24)	0.11 (0.24)	0.14 (0.25)	0.17 (0.25)
Institutional Distance 制度距离	-0.12* (0.05)	0.11*** (0.05)	0.11** (0.05)	0.12* (0.05)	0.12* (0.05)
GDP Change GDP 的变化率	-4.25*** (1.38)	-4.98*** (1.35)	-4.99*** (1.36)	-4.39*** (1.38)	-4.33*** (1.38)

续表

变量	模型 1	模型 8	模型 9	模型 10	模型 11
Same Industry	0.44***	0.36***	0.37***	0.47***	0.48***
行业相关性	(0.12)	(0.12)	(0.12)	(0.12)	(0.12)
Relative Size	0.02	0.01	0.01	0.03	0.03
相对规模	(0.05)	(0.04)	(0.04)	(0.05)	(0.05)
Deal Value	−0.06	−0.06	−0.06	−0.05	−0.05
交易价值	(0.05)	(0.06)	(0.06)	(0.05)	(0.05)
Advisor	−0.15	−0.15	−0.15	−0.13	−0.14
是否雇佣中介	(0.12)	(0.12)	(0.12)	(0.13)	(0.13)
Acquirer Size	0.01	0.02	0.02	0.01	0.02
收购者的规模	(0.05)	(0.05)	(0.05)	(0.05)	(0.05)
Acquirer Internationalization	0.04	0.03	0.03	0.05	0.05
收购企业国际化程度	(0.07)	(0.07)	(0.07)	(0.07)	(0.07)
SOE Acquirer	−0.04	−0.03	−0.03	−0.05	−0.05
收购企业身份	(0.12)	(0.12)	(0.12)	(0.12)	(0.12)
Public Target	0.16	0.18	0.18	0.18	0.18
目标企业身份	(0.14)	(0.14)	(0.14)	(0.14)	(0.14)
Acquirer Profit	0.10	0.15	0.14	0.14*	0.18*
收购前企业盈利情况	(0.06)	(0.06)	(0.06)	(0.06)	(0.06)
Cultural Distance	—	−0.07*	−0.08	−0.08*	−0.08*
文化距离		(0.03)	(0.03)	(0.03)	(0.04)
Same Industry Success Experience	—	0.08***	0.09**	—	—
同行业成功的经验		(0.02)	(0.04)		
Same Industry Success Experience × Cultural Distance	—	—	0.01	—	—
			(0.01)		
Same Industry Failure Experience	—	—	—	−0.22*	−0.37*
同行业失败的经验				(0.08)	(0.17)
Same Industry Failure Experience × Cultural Distance	—	—	—	—	0.14*
					(0.04)
−2LOGL	3578.9	3573.2	3568.9	3569.6	3563.5
Wald Chi2	33.24	45.09	45.12	35.63	36.91
Prob > Chi2	0.002	0.001	0.0001	0.002	0.002
样本量	525	525	525	525	525

注：*** 表示 $p<0.01$，** 表示 $0.01<p<0.05$，* 表示 $0.05<p<0.1$，+ 表示 $0.1<p<0.15$，括号内数值为标准误差。

从模型 2-11 的结果可以看出，文化距离对跨国并购决策有显著负向影响，除了模型 9，文化距离基本在 10% 的显著性水平下显著负向影响了跨国并购决策，即母国和东道国文化距离越大，企业做出跨国并购决策的概率越小，H6 得到验证。

四、稳健性检验

为了保证研究结果的稳健性，本书采用二元 Logit 回归分析的方法进行实证检验，企业实施了跨国并购决策为 1，否则为 0。实证结果表明，在企业自身经验对跨国并购决策的影响方面，回归结果基本一致，国内并购经验、跨国并购经验和国际合资经验对企业是否进行跨国并购决策都有显著影响。企业外部学习经验对跨国并购决策的影响方面，同行业成功的跨国并购经验显著影响了跨国并购决策，同行业失败的跨国并购经验的实证结果没有得到验证。总体来说，基本与本书的结果一致，表明本书的结论是稳健的。

第四节　本章小结

本章分析了不同来源的经验对跨国并购决策的影响，并探讨了文化距离对经验和绩效之间关系的调节作用。选择 1997~2015 年中国企业实施的跨国并购为样本，采用 Cox 比例回归模型的方法进行分析，研究结论如下：

（1）跨国并购经验和国际合资经验显著正向影响了跨国并购决策，国内并购经验对跨国并购决策并无显著影响。跨国并购和国际合资是企业国际化扩张采取的主要模式，企业在实施这两种战略行为的过程中，在目标寻找、交易谈判等过程中积累了丰富的经验，对后续企业的跨国并购行为起着正向影响。不同于前期假设，我国企业积累的国际合资经验还不够多，因此并没有形成惯性，国际合资经验对跨国并购决策呈正相关关系，而不是假设的倒 U 形关系。

（2）外部模仿经验对后续跨国并购决策也有显著影响。从拟合结果可以看出，企业在做出跨国并购决策时，同行业企业在该地区是否进行了跨国并购以及并购的结果对其有显著影响，即外部模仿经验对企业的决策行为有显著影响。同行业企业成功的经验促进了企业的决策行为，反之失败的经验阻碍了企业的跨国并购决策行为。研究结论表明，当企业要在某个地区进行跨国并购时，可以对同行业其他企业前期的并购行为进行分析，从而决定自己的战略决策。

（3）文化距离对经验转移的调节作用。在企业自身经验方面，文化距离仅显著负向调节了跨国并购经验和跨国并购决策的影响，而对国内并购经验和国际合资经验无显著调节作用。外部学习经验角度，文化距离显著负向调节了同行业失败的经验对跨国并购决策的影响，但对同行业成功的经验无显著调节作用。

（4）文化距离显著负向影响了跨国并购决策。从本书的实证结果可以看出，文化距离显著负向影响了跨国并购决策，文化距离越大，企业越有可能放弃在该国的跨国并购决策。文化距离会阻碍并购前的信息沟通、并购过程中的谈判以及并购后的整合，尤其对并购后双方企业的融合有显著影响。因此，文化距离会对跨国并购决策产生负向影响。

第八章 组织经验、文化距离和跨国并购绩效

根据 2006~2018 年的联合国贸发委的《世界投资报告》的统计结果，中国企业的跨国并购金额由 2006 年的 120.9 亿美元增加到了 2017 年的 694 亿美元，十年的时间增长了近 4 倍。但与中国企业跨国并购飞速增长不对等的是跨国并购的成功率却持续走低。根据全球著名的汤姆森金融公司的并购数据库提供的数据测算，从宣布并购意向到并购完成的过程中，全球有 30% 的跨国并购意向未能实现，而中国企业的海外并购则有 49% 的交易未能达成，将近一半的并购意向未能实现。中国企业跨国并购的失败主要在两个阶段：一个阶段为在并购前的竞购过程中失败，另一个阶段为在并购后的整合过程中失败。无论哪个阶段，由于跨国并购本身的特征，并购企业面对不熟悉的语言、文化、法律、制度等问题，所有这些问题都增加了并购失败的可能性。要想成功的解决跨国并购中的这些问题，企业需要跨国并购的知识以及处理每一次并购事件的能力，这些都需要企业去学习，学习包含了从每一次单个的事件中吸收知识然后转移这些知识到未来的活动中，企业从前期行为中学习的知识可以称为经验。发达国家的跨国并购已经有一个世纪的历史，积累了丰富的跨国并购经验，企业在跨国并购过程中可以通过前期行为积累的经验来影响企业的跨国并购决策，提高跨国并购绩效。但与西方不同，我国的跨国并购才刚刚起步，一方面，企业还没有积累足够的经验；另一方面，企业在应用组织经验的时候也存在种种问题。因此，在此背景下，本章从组织学习的视角来探讨影响中国企业的跨国并购绩效的因素，探析企业在前期何种行为中吸收的经验能够影响其后续的跨国并购绩效？企业在跨国并购过程中能否从企业外部吸收经验，这种经验对企业后续的跨国并购绩效有无影响？无论是企业自身的经验还是企业从外部学习的经验，在不同并购事件的转移过程中，什么因素会对经验的转移产生影响？对这些问题进行探析，有利于我们更深入地

分析中国企业跨国并购行为，为企业后续的跨国并购决策提供依据，提升中国企业跨国并购的绩效。

本章选择1997~2017年中国企业的跨国并购作为样本，采用OLS回归的方法探讨不同来源的企业经验对并购绩效的影响。研究结果表明，相对于国内并购经验和国际合资经验，跨国并购经验对后续跨国并购绩效的影响结果更为显著。外部模仿经验对后续跨国并购绩效的影响并不显著。从拟合结果可以看出，基于轨迹模仿的同行业经验对跨国并购绩效并无显著影响，基于结果模仿的同区域成功的跨国并购经验对跨国并购绩效有显著影响。本章还探讨了文化距离在经验传播中的影响，随着文化距离的增大，国内并购经验的适应性越弱，国内并购经验对跨国并购绩效的影响越小，但文化距离对跨国并购经验、企业外部经验对跨国并购绩效的影响并无显著调节作用。

本章的研究结论对组织经验和跨国并购相关领域的研究做出了一些有益的扩充，主要边际贡献有如下几点：首先，本章从知识来源的角度将组织经验分为企业自身经验和外部模仿经验，深入探讨了知识来源不同的组织经验对企业跨国并购绩效的影响，丰富了跨国并购领域的组织学习理论研究；其次，本章在新兴国家背景下探讨其他国际化经验和跨国并购绩效之间的关系，得出中国情境下的组织学习过程中经验溢出的效应结果，本章的实证结果为经验溢出理论提供了经验证据，同时也丰富和完善了中国企业跨国并购的相关研究；最后，本章结合中国企业跨国并购的区域分布和行业分布都非常集中的特点，深入探讨了同行业和同区域的经验对跨国并购绩效的影响，全方位分析了外部模仿经验在跨国并购过程中的学习效果，是对现有研究的丰富和完善。

第一节 研究假设

一、企业自身经验对其跨国并购绩效的影响

（一）国内并购经验对跨国并购绩效的影响

企业在跨国并购过程中，如何选择并购目标、对目标进行评价、并购的谈判过程以及后期整合过程等，都需要不同的能力来完成（Zahra，2000）。选择一个好的并购目标，并对其进行整合，使其很好地融入并购企业是一个很复杂的过程

(Chatterjee 和 Lubatkin，1992；陈友滨，2007），而成功实施这些行为的基础来自经验学习。国内并购过程中会积累一些经验，在跨国并购过程中这种隐性的知识就会转化为企业的能力，来应对跨国并购中的问题，降低跨国并购过程中的风险。因此，国内并购经验是企业进行跨国并购需要的知识和行为的重要来源（Reuer 等，2004）。通过企业在国内的并购经验，企业学会了如何去寻找、选择、接管和整合目标企业，使其很好地融入并购企业（Barkemaet 等，1997）。同时，企业通过进行国内并购，在并购实施过程中，能够学到如何评价被并购企业的企业文化以及鉴别并购双方企业文化差异的能力（Dikova 和 Sahib，2013）。这能帮助企业来评价他们是否应该改变原来企业的常规活动以及改动的幅度如何，这样并购企业不仅能成功整合目标企业，还能根据初始的整合目标来选择合适的并购企业，因此国内并购是处理跨国并购非常重要的一步，国内并购经验不仅有利于并购前期的目标选择，也能保证收购企业成功的整合目标企业，尤其是当企业进行跨国并购的时候（Nadolska 和 Barkema，2007）。

然而，国内和跨国并购在很多地方是有差异的，例如文化、监管环境和法律制度等（Markides 和 Ittner，1994）。不同的文化环境和制度规则，要求并购企业在实施跨国并购过程中要遵从不同的规则，学习不同的法律制度以及采取不同的战略措施（Barkema，2007）。缺乏国内经验的并购企业无法全部了解并购过程的复杂性，可能会忽略文化、法律制度等的影响，将企业前期的管理措施盲目用在目标企业中，导致并购整合的失败。但是，有着前期国内经验的并购企业能够避免此类问题。由于前期进行国内并购积累了经验，企业能够意识到在跨国并购过程中不同的国家制度、文化背景会对企业的并购操作行为产生影响，从而避免了并购过程的盲目性。区分不同的国家制度、不同的企业文化，而不是盲目的将企业前期的规章制度强加在目标企业中。基于以上论述，本书认为：

H1：国内并购经验正向影响了跨国并购绩效，国内并购经验越多，跨国并购绩效越高。

（二）跨国并购经验对并购绩效的影响

传统的学习理论来自于制造业。制造业认为工人通过学习能够更为熟练地操作机器，从而提升绩效（Yelle，1979）。学习理论慢慢应用到了组织领域，形成组织学习理论。组织学习是一个重复的、动态的过程，在这个过程中企业获取经验，从经验中获取推论，并将这些推论应用到未来的组织行为中（Levitt 和 March，1988）。研究表明，进入一个多元化的新环境中会对组织现有的行为规则提出挑战，因此促使他们去学习和吸收新的信息和知识（Crossan 等，1999）。组织学习的过程会产生新的知识，导致竞争性收益从而改善企业绩效（Hitt等，2000）。进行跨国并购的企业会学习如何成功地接管国外企业、如何有效地保障外部金融资本的安全、如何寻求法律救助或其他（Hitt等，1998）、如何达到最优的整合水平（Vermeulen和Barkema，2001）；同时，学习依赖专业的整合团队能够专业化地促进收购过程（Hebert等，2005），变得有能力解决管理问题（Lubatkin，1983）。而且，有经验的跨国收购者也有高度的文化敏锐性去解决组织的不相容（Very等，1997）。企业只有拥有前期跨国并购经验，才能意识到文化差异会影响并购过程中的目标选择和整合，才能更好地注意和改善不同文化背景下的整合技能（Chakrabarti等，2009；阎大颖，2009）。企业在跨国并购这些行为中积累的知识和技能都可以称为跨国并购经验。

企业在实施跨国并购过程中，进入一个不同于母国的环境，会面临不同的国家文化、监管规则、法律制度，在对并购目标选择、评价、并购谈判、整合过程中，都需要不同的能力来完成（Zahra，2000）。而这种能力需要企业不断进行组织学习来获得，尤其是跨国并购整合过程。相对其他跨国投资方式，并购能够增强企业在目标国家的市场力量，克服进入障碍，更为迅速地进入新市场以及获取新市场的知识和资源，但并购也给企业带来了额外的交易成本和风险，尤其是在后期整合过程中（Barkema，2001）。研究表明，收购完成后很多目标企业绩效会降低。实际上，很大比例的目标企业会被再次分割或者卖掉，主要原因在于并购后的整合效果较差（Roll，1986；Ravenscraft和Scherer，1991）。但是，有更多跨国并购行为的企业，能够积累更多整合不同企业文化的经验，在企业后期整合过程中更为灵活，能够更快和更顺利地整合两个企业的资产和资源。所以，企业通过前期积累的经验形成的常规行为能够降低花费在接管和整合上的时间，提高整合的效率（March，1991；Hitt等，1998；Trichterborn等，2016），从而提高企业的跨国并购绩效。

但有研究表明，在某个国家和地区积累的知识和经验同样可以用在后面的国家和地区，这种假定是错误的（Nadolska和Barkema，2007）。很多学者认为，企业在跨国并购经验较少的时候，可能会误用跨国并购经验，从而经验没有能够提升跨国并购绩效，反而降低了后续的跨国并购绩效。只有当并购经验积累到一定程度，企业才能够区分什么样的经验可以用在什么样的环境中，何种行为可以应对何种规则时，并购经验才能为企业的跨国并购带来正效应。因此，很多学者认为跨国并购经验与跨国并购绩效之间呈现正U形关系（Haleblian和Finkelstein，1999；Zollo和Reuer，2006；Nadolska和Barkema，2007）。但这些研究多以发达国家的跨国并购为样本，发达国家的并购经验丰富，而且并购区域较为分散。从第六章可以看出，我国企业跨国并购的特点集中和分散并存，大多数跨国并购集中于少数国家和地区，其他区域的跨国并购虽然区域较广，但次数较少，经验的传递主要存在于集中区域的跨国并购中。基于以上论述，本书认为：

H2：跨国并购经验正向影响了跨国并购绩效，跨国并购经验越多，跨国并购绩效越高。

（三）国际合资经验对跨国并购绩效的影响

根据组织行为的经验溢出理论，组织其他行为的经验对组织的某个行为是有影响的。组织经验溢出的定义为组织在执行行为 j 时累积的经验对行为 i 的绩效的影响（Zollo 和 Reuer，2006）。经验的溢出效应结果有可能是正向的，也有可能是负向的。两种行为的相似程度，对经验转移的结果有显著影响（Tversky，1977）。相似度太高或太低，决策者都很容易决定是否要转移经验，但中间层面很难决定，因此在中间层面的相似度背景下，将转移经验应用错误的可能性也最大。Zollo 和 Reuer（2006）将行为的相似性和经验溢出之间的关系用图形展示出来，如图 8-1 所示。

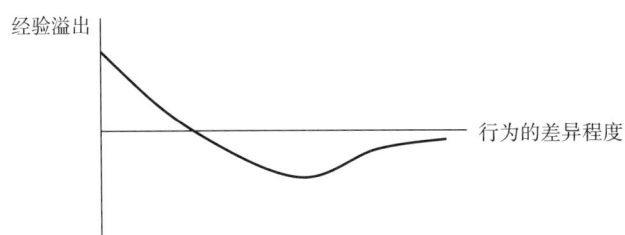

图 8-1　行为差异程度与经验溢出的关系图

资料来源：Zollo，Reuer. Experience spillovers across corporate development activities [J]. Organization Science，2001，21（1-35）：1195-1212.

如图 8-1 所示，当两种行为之间差异很低的时候，两种行为之间是存在正向经验溢出的，即一种行为累积的经验可以对另一种行为的绩效产生正向影响。但随着行为差异程度的增加，经验溢出效应在降低，溢出效应会趋于零，直至产生负向溢出效应。如前所述，当两种行为的差异既不是太大也不是太小的时候，决策者很难判断从一种行为中积累的经验是否可以以及如何应用到另一种行为中，因此在经验转移过程中容易出现错误，从而导致负向溢出效应。但当行为的差异程度增大到一定程度以后,决策者很容易判断一种行为积累的经验有可能不适合应用到与其差异很大的背景中,从而做出正确的决策,经验溢出效应降低的势头会减缓,甚至上升直至区域零。

企业的对外投资行为,从是否涉及股权状况的角度进行划分,投资企业进入另一个国家进行经营的方式包括股权方式和非股权方式。股权进入方式包括进行绿地投资、设立合资公司、进行跨国并购等,非股权方式包括建立国际战略联盟、签署合作协议、进行租赁经营等(武锐和黄万亮,2010)。中国企业对外直接投资的主要方式包括合资和跨国并购,联盟和绿色投资的比例非常低。因此我们讨论合资经验在企业跨国并购过程中的经验溢出效应。

国际合资经验和跨国并购经验是企业对外直接投资的两种主要行为,二者之间存在相似性又存在差异。两种投资方式都是企业对外扩张的主要模式,推动了企业产品、市场的多元化和国际化(Nadolska 和 Barkema,2007)。两种投资方式之间也存在明显差异,尤其在控制权和合作模式上。但两种模式的差异程度很难判断。国际并购中出现的很多问题的源头在于需要将一个新的企业内化到自己的组织内,也就是不同文化、不同经验和不同规则的员工要工作在一起。国际合资经验能够帮助企业发展将不同文化的员工融合到一起的能力(Dyer 和 Singh,1998;Anand 和 Khanna,2000)。因此,国际合资经验能够减少企业在不同文化背景下提升自己管理能力所花费的努力和时间,从而帮助企业发展跨国并购的知识和行为,提升企业跨国并购的绩效。Nadolsk 和 Barkema(2007)选择荷兰阿姆斯特丹证券交易所(Amsterdam Stock Exchange)1966~1988 年 25 家企业的对外投资行为为样本的结论得出,国际合资经验和企业的跨国并购成功情况呈现正 U 形关系。本书认为中国企业的跨国并购存在区域集中、周期较短等特点,与发达国家的跨国并购并不一致。基于以上论述,本书认为:

H3:国际合资经验正向影响了跨国并购绩效,跨国并购前期积累的国际合资经验越多,跨国并购绩效越好。

二、企业外部学习经验对跨国并购绩效的影响

企业在国际化扩张过程中面对各种不确定性,学者从多个角度探讨了组织如何来减弱这种不确定性(Cyertand 和 March,1963;Thompson,1967;Henisz 和 Delios,2001)。企业通过前期的国际化行为所积累的经验减弱这种不确定性的重要因素,同时,减弱这种不确定性的另外一种方式是模仿行为(Henisz 和 Delios,2001)。对相似组织过去行为的模仿可以为相似的行为提供合理依据(DiMaggio

和 Powell，1983）。20 世纪七八十年代，很多学者探讨了模仿理论，认为个体组织行为受其他组织的影响（Pfeffer 和 Salancik，1978；DiMaggio 和 Powell，1983）。组织学习理论认为，组织会复制其他组织的行为，让别的组织承担尝试或开拓的成本（Dutton 和 Freedman，1985；Levitt 和 March，1988；Lant 和 Mezias，1990；Bolton 和 Michele，1992）。战略选择理论认为，模仿是企业应对竞争者行为时的一种战略反映，因为第一行动者吸收了部分新进入时的风险，从而模仿者的风险远远降低（Lieberman 和 Montgomery，1988）。综上，在国际化过程中，采用模仿行为能够提高组织的效率，降低成本和风险，提升组织绩效。

Haunschild 和 Miner（1997）将组织模仿行为分为三种模式：基于频率的模仿、基于轨迹的模仿以及基于结果的模仿。其中，基于频率的模仿指的是组织实施一些被其他组织大量使用的行为；基于轨迹的模仿指组织使用一些具有特定特征的其他组织所使用的行为；基于结果的模仿指的是组织模仿过去结果较好的组织行为，而避免模仿结果较差的组织行为。本书在跨国并购的背景下探讨企业外部模仿行为对并购绩效的影响，因此，只讨论后面两种类型的模仿行为对跨国并购绩效的影响。在跨国并购背景下，将基于轨迹的模仿具体化为同行业的跨国并购模仿，即组织模仿的是同行业的企业在同区域的跨国并购行为；基于结果的模仿具体化为成功的跨国并购模仿，即组织模仿的是与所并购的目标企业同区域的成功的跨国并购行为。本章将探讨这两种类型的外部模仿行为对跨国并购绩效的影响。

（一）同行业企业的跨国并购经验对跨国并购绩效的影响

很多研究表明，在东道国有经验的企业比第一次进入者拥有更多的当地经验。后进入者可以从先进入者的经验中学习，先进入者经验的信息溢出可能是很多企业实施对外投资行为的重要信息源头，为后进入的对外投资行为提供模仿轨迹，避免后进入者误入投资陷阱，提高企业的对外投资行为绩效（Shaver 和 Yeung，1997）。组织所在领域能够影响信息和资源在企业之间流动的重要社会结构，从而促进模仿行为（Guillén，2002），同行业经常被认为是最常见的组织领域（Scott，1995）。同行业的企业具有相同的内部过程以及外部评判标准，因此同行业模仿是最为常见的企业外部学习方式。

企业之间的行业背景促进了信息在企业间的转移，企业从同行业中也能学到更为有用的知识（Haunschild 和 Beckman，1998）。前期行业相关的并购经验增强了企业的吸收能力，收购企业能更有效的吸收与被收购企业相关的信息，从而为股东创造价值（Cohen 和 Levinthal，2003）。相对于不同行业的企业，同一行业背景下的企业的组织经验溢出效应更为明显。同行业在跨国并购过程中的经验降低了企业后续并购的风险和成本。基于以上论述,本书认为:

H4:同行业企业的跨国并购经验提升了企业跨国并购绩效。

(二) 同区域企业成功的跨国并购经验对跨国并购绩效的影响

结果模仿和轨迹模仿一样,也是一个选择的模仿过程。在结果模仿中,企业寻找其他组织采用的成功的决策或实践行为,然后采纳到自己的行为中,而避免使用那些失败的组织所采用的行为。结果模仿可以看做一种替代学习的方式,Bandura (1997) 给出了个体层面的替代学习的概念,即个体观察导致其他个体行为结果的具体行为,然后模仿那些能够产生正向结果的行为,而避免采用那些导致负向结果的行为。在跨国并购过程中,相对于并购结果失败的企业,并购结果成功的企业更容易被后续企业所模仿,因为成功行为相对失败行为传播能力更强。来自成功企业的决策行为如果被模仿可能会有更好的结果 (Lu, 2002)。基于以上论述,本书认为:

H5:同区域企业成功的跨国并购经验提升了跨国并购绩效。

三、文化距离与跨国并购绩效

(一) 文化距离与跨国并购绩效

在跨国并购过程中,国家间的文化差异代表了并购双方企业之间行为规范的差异 (段明明和杨军敏,2011;Dikova 和 Sahib,2013)。母国收购企业和东道国目标企业之间的文化差异对收购企业提出了很多挑战,影响了跨国并购绩效。文化距离可能阻碍并购双方间的知识转移 (Wijk 等,2008)。知识转移依赖于吸收系统的潜在吸收能力 (Zahra 和 George,2002),而当文化差异较大时,收购企业很难充分掌握并分析目标企业的信息,从而影响后续跨国并购双方的协同性,降低绩效。基于以上论述,本书认为:

H6:并购双方所在国家的文化差异越大,跨国并购绩效越低。

(二) 文化距离对经验和跨国并购绩效之间关系的调节作用

基于经验的组织学习理论认为,经验能够提升组织绩效,因为经验可以促进知识的转移并有可能创造新的知识,然后将这些知识恰当地应用到组织实践和组织战略中 (Levitt 和 March,1988)。但相关研究结果并不一致,有研究表明经验会改变绩效,但也有研究表明经验很难转移,可能对绩效结果毫无影响,甚至可能是负向影响,尤其是对前后差异较大、发生频率不规则的企业战略行为,如跨国并购。而相关的背景条件被认为是影响学习过程以及调节了经验和绩效之间关系的因素（Argote 和 Mironspektor，2011）。对跨国并购来说，国家间的文化差异是对跨国并购间经验转移影响最为明显的背景因素。但对于不同类型的并购经验，文化距离对其影响的结果是不一致的。

国内并购经验是企业在操作国内并购行为时所积累的经验，企业通过国内并购经验学习如何去选择、接管和整合目标企业（Barkema 和 Bell，1997）。当并购双方所在国家之间文化差异较小时，知识转移可以做到无障碍转移，并购者在国内并购中所积累的经验可以恰当地应用在跨国并购中，提升跨国并购的整合效率。但当并购双方文化差异较大时，在管理方式、知识结构、监管背景等方面都存在较大的差异的情况下，知识转移障碍较大，国内并购经验可能会不恰当应用，从而对跨国并购绩效产生负向影响。基于以上论述，本书认为：

H7：文化距离对国内并购经验对跨国并购绩效的影响产生负向调节作用。

跨国并购经验和国际合资经验都是企业的对外投资行为所积累的经验，国家之间的宏观环境差异对二者的影响有相同之处。并购双方文化距离的差异对跨国并购过程中的知识转移有重要影响，主要有两方面原因：第一，文化距离造成知识转移的障碍。研究表明，文化差异导致了在企业拥有的知识技能和企业在对外投资过程中所需求的知识技能之间产生了一个空缺（Petersen，2008）。因为存在文化差异，跨国公司很难判断何种知识和技能适合于该背景以及，如何恰当地运用过去积累的知识和技能，即降低了跨国公司从经验中学习的能力（Barkema 和 Drogendijk，2007）。第二，文化距离阻碍了组织学习。文化距离较大的背景下，并购双方在交流过程中可能产生理解错误等沟通障碍，降低并购双方的信任度，从而不能将并购企业前期积累的经验顺利地转移到后续并购中。因此，随着文化距离的增加，跨国并购过程中知识转移的难度增加，会出现前期经验的误用，降低跨国并购的绩效。基于以上论述，本书认为：

H8：文化距离对跨国并购经验和国际合资经验对跨国并购绩效的影响产生负向调节作用。

企业的外部模仿经验都来自于焦点并购同区域的外部企业在跨国并购过程中所积累的经验。同区域的跨国并购经验能够帮助并购企业克服在跨国并购过程中由于文化差异所带来的障碍，帮助收购者更好地分析该区域与母国的文化差异。区域相关的跨国并购经验获取目标企业所在市场的相关知识，同时了解融入当地市场的恰当方式（Barkema 和 Vermeulen，1998）。因此，我们认为文化差异可能对区域相关的跨国并购经验和跨国并购绩效之间关系的影响并不显著。

H9：文化距离对同行业企业的跨国并购经验和同区域企业的跨国并购经验对跨国并购绩效无显著的影响。

本章的理论模型如图 8-2 所示。

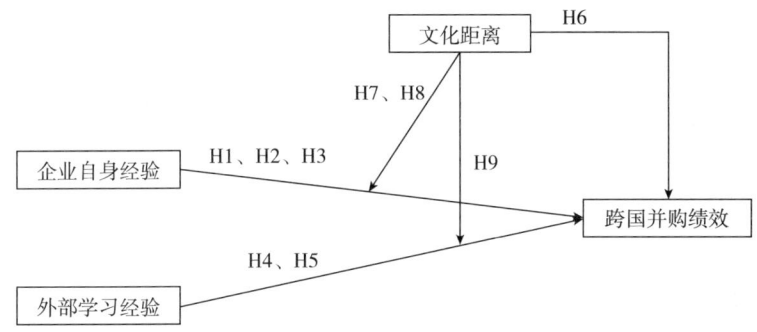

图 8-2　组织经验与跨国并购绩效的理论模型

第二节　研究设计

一、数据来源

本书所采用的数据源自 BVD 公司的 Zephyr 全球并购交易分析数据库，该数据库关于并购数据的统计为 1997 年以后，故本研究的样本数据时间范围为 1997 年 1 月 1 日至 2015 年 12 月 31 日中国企业进行的跨国并购，在此时间范围内中国企业跨国并购的总数目为 3209 件，因为本节要讨论的是并购经验对并购绩效的影响，因此仅考虑状态为"Completed"即收购已经完成的样本，筛选得出样本数目为 1304 件。为了保证实证结果的可信性，本书对样本按照以下要求进行进一步筛选：

第一，去除收购方为个人或投资团体的跨国并购项目。

第二，去除中国在英属维京群岛、开曼群岛、百慕大等避税区的跨国并购项目①。

第三，因为本书对并购绩效的衡量采取的是股票价格的变动，因此去掉非上市公司的样本。

按照以上标准对样本进行剔除以后，剩余样本的数量为236件跨国并购样本。剔除缺失值的影响，最终样本的数量为204件。

二、变量定义

（一）因变量

跨国并购绩效（M&A Performance）。学术界对跨国并购绩效的测量存在多种方法，有事件研究法（Sleptsov等，2013；Schmitt，2014）、财务绩效法（Suh等，2013）、企业是否依然存在（Vermeulen 和 Barkema，2001）以及访谈问卷的方法（Brouthers 等，1998），四种方法各有优缺点。本书对跨国并购绩效的测量方法属于财务绩效法，采用收购企业的股票价格在收购声明前3个月和1个月以后变动的百分比来度量跨国并购绩效，并购声明前3个月的股票价格基本不受此次收购事件的影响，而并购完成后1个月股票价格能够体现并购事件对股票价格的影响。并购企业股票价格的数据来源为Zephyr数据库，部分缺失值通过Wind数据库补充。

（二）自变量和调节变量

组织经验（Experience）。与第七章一致，本章同样采用企业前期实施某种行为的次数来测量组织在该种行为上积累的经验，将组织经验分为国内并购经验、跨国并购经验、国际合资经验、同行业企业跨国并购经验和同区域企业成功的跨国并购经验，具体分析如下：

（1）国内并购经验（Domestic M&A Experience），焦点并购发生前企业进行的成功的国内并购次数，本书在研究时仅考虑交易金额在1万美元以上的国内并购。笔者根据Zephyr数据库计算所得。

（2）跨国并购经验（Cross M&A Experience），焦点并购发生前企业进行的跨国并购次数，仅考虑成功的跨国并购。笔者根据Zephyr数据库计算所得。

（3）国际合资经验（Cross J&V Experience），焦点并购发生前企业进行的国

---

① 本书并没有去掉中国企业在中国香港和中国澳门的跨境并购项目，本书认为由于中国香港和中国澳门地区在法律、文化背景等方面与大陆有明显差异，因此，在此区域进行的跨国并购行为积累的经验对企业的海外并购是有指导作用的。

际合资次数，笔者根据 Zephyr 数据库计算所得。

（4）同行业企业跨国并购经验（Same Industry Experience），与焦点并购目标企业在同一国家的同行业企业跨国并购次数记为同行业企业跨国并购经验。本研究对同行业的判断是根据 Zephyr 数据库中标准的 4 位行业代码进行判断，若 4 位 SIC 代码的前 2 位相同则认为是同行业，不同则不是同一行业。数据是笔者根据 Zephyr 数据库整理所得。

（5）同区域企业成功的跨国并购经验（Same Area Success Experience），与焦点并购的目标企业所在国家相同外部企业前期成功的跨国并购的次数记为同区域的跨国并购经验。数据是笔者根据 Zephyr 数据库整理所得。

（6）文化距离。对文化距离的度量我们同样采用 Hofstede 的五维度数据（Hofstede，2010），变量定义和数据来源同第五章。

（三）控制变量

（1）国家层面的控制变量主要包括制度距离和地理距离。地理距离（Distance）。对地理距离的测量，与第七章一致，采用的是并购双方所在国家重要城市之间的距离来度量，数据来自法国 CEPII 数据库。制度距离（Institutional Distance）采用 Li 等（2016）的方法。

（2）交易层面的控制变量与第七章相同的包括交易双方行业相关性、交易双方的相对规模、交易价值以及是否雇佣中介。另外，本章同时控制了支付方式的影响，支付方式（Cash Deal）为二元变量，当并购交易中采取的支付方式为现金支付，即"Deal Method of Payment"为"Cash"记为 1 其余为 0。

（3）企业层面同样控制了收购者规模、收购企业国际化程度、目标企业身份、收购企业身份、收购前企业的盈利情况等五个控制变量，计量方法及数据来源同第七章。

三、研究方法

根据前面的论述以及因变量的度量，选择多元 OLS 回归模型来进行实证检验。模型的基本形式为：

$$M\&Aperformance_i = \sum_{m=1} \gamma_m Independent_m + \sum_{k=1} \beta_k Control_k + \varepsilon_i \quad (8-1)$$

其中，γ 和 β 为各个变量的回归系数，下标 i 代表的是各个上市公司，$Independent_m$ 表示各个自变量和调节变量，$Control_k$ 表示第 k 个控制变量，ε_i 代表残差项。采用 SAS9.4 统计分析软件进行分析。

第三节 实证结果

一、描述性统计分析结果

表 8-1 给出了各个变量的描述性统计分析结果。从中可以看出,跨国并购绩效的均值为 0.11,最小值为 -1,最大值为 3.9,表明所有并购企业的股票价格在并购前 3 个月比并购 1 个月后价格变动的百分比的均值为 11%,表明跨国并购行为提升了跨国并购绩效,变化最大的企业股票价格比跨国并购前增长了 3.9 倍。国内并购经验和跨国并购经验的均值差异不大,都在 3 次左右,但企业的跨国合资经验较少,均值为 0.13,最小值为 0,最大值仅为 2,说明中国企业在对外直接投资过程中多采取并购模式,合资较少,这与后面实证结果一致。同行业并购经验较多,均值为 2.23 次,最多的有 17 次,但同区域成功的跨国并购经验较少,均值仅为 0.58。文化距离均值为 2.44,最小值为 0.4,但最大值高达 8.62,结果表明不同区域的不同国家之间的文化差异还是较大的。

跨国并购双方是否同行业(Same Industry)为 0~1 变量,均值为 0.65,中位数为 1,说明样本中 65% 的跨国并购发生在同行业之间。而第七章中是否同行业的均值仅为 0.39,说明当并购双方为统一行业时,跨国并购成功的可能性更大。并购双方的相对规模(Relative Size)的标准差为 61.97,最小值为 0.81,最大值为 286.97,表明中国企业的跨国并购双方的规模差异较大。另一个差异较大的值为并购企业的国际化水平(Cquirer Internationalization),在实证分析时,对相对规模和国际化水平都进行了取对数处理。是否雇佣中介(Advisor)的均值为 0.38,中位数为 0,本书对是否雇佣中介的定义包括了企业雇佣的财务、法律等各个方面的中介结构。但最终结果表明,中国企业在跨国并购过程中雇佣中介的比例并不高,这一点在国有企业实施的跨国并购中更为明显。SOE Acquirer 和 Public Target 表明了并购双方的身份,由其具体值可以看出,中国"走出去"进行跨国并购的企业多为国有企业,而目标企业多为非上市公司。

表 8-1　变量的描述性统计分析结果

编号	变量	均值	中位数	标准差	最小值	最大值
1	并购绩效 M&A Performance	0.11	0	0.54	-1	3.90
2	国内并购经验 Domestic M&A Experience	2.43	2	2.91	0	20
3	跨国并购经验 Cross M&A Experience	3.16	2	3.62	1	18
4	国际合资经验 Cross J&V Experience	0.13	0	0.39	0	2
5	同行业经验 Same Industry Experience	2.23	1	3.73	0	17
6	同区域成功的经验 Same Area Success Experience	0.58	0	0.86	0	4
7	文化距离 Cultural Distance	2.44	2.24	1.76	0.4	8.62
8	地理距离 Distance	3.74	3.89	0.31	3.30	4.29
9	制度距离 Institutional Distance	3.74	4.18	0.99	0.54	4.86
10	双方行业相关性 Same Industry	0.65	1	0.48	0	1
11	交易双方相对规模 Relative Size	54.16	21.23	61.97	0.81	286.97
12	交易价值 Deal Value	4.89	4.76	0.93	1.70	6.85
13	是否雇佣中介 Advisor	0.38	0	0.49	0	1
14	是否现金交易 Cash Deal	0.50	1	0.50	0	1
15	并购企业规模 Acquirer Size	7.23	7.01	1.35	4.86	9.45

续表

编号	变量	均值	中位数	标准差	最小值	最大值
16	并购企业国际化程度 Acquirer Internationalization	56.18	48	48.46	0	175
17	并购企业身份 SOE Acquirer	0.61	1	0.49	0	1
18	目标企业身份 Public Target	0.24	0	0.43	0	1
19	收购企业盈利情况 Acquirer Profit	5.21	5	0.78	3	7

表8-2给出了各个变量的相关系数的结果。由表8-2可以看出，大多数变量之间的相关系数在0.2以下，相关系数并不大。相关系数较大的两个变量为地理距离和文化距离，相关系数高达0.60，为了降低地理距离和文化距离之间的多重共线性，本书对地理距离进行了去中心化处理。另外，收购者规模和跨国并购经验之间的相关系数为0.55，对收购者规模进行了去中心化处理。为了避免变量之间多重共线性带来的影响，在对数据进行处理的基础上计算了各个变量的方差膨胀因子，得出方程中各个变量的方差膨胀因子都小于5，其中地理距离的方差膨胀因子为1.719，文化距离的方差膨胀因子为1.256，都远小于10的可容忍程度，说明方程中各个变量之间的多重共线性并不显著。

二、企业自身经验对跨国并购绩效的影响

表8-3展示了企业自身经验和跨国并购绩效的回归结果。采用多元OLS回归分析的方法进行拟合。表8-3中，模型1展示了控制变量的回归结果，所有控制变量中行业相关性（Same Industry）、交易价值（Deal Value）、收购企业身份（SOE Acquirer）的系数都显著为正，制度距离（Institutional Distance）和支付方式（Cash Deal）的系数显著为负，其他变量的回归结果不显著。拟合结果表明，当并购双方为同一行业时，跨国并购以后的协同结果较好，能够提升并购企业的绩效。交易价值代表了该项跨国并购交易的总价值，总价值越高，代表了该项并购交易的规模越大，而规模越大的跨国并购交易，越容易引起企业的重视，企业投入的资源越多，对企业的绩效会产生显著影响。制度距离代表了并购交易双方宏观层面的差异，差异越大，越不利于跨国并购后的整合，对并购绩效

表 8-2 变量 Pearson 相关系数

编号	变量	1	2	3	4	5	6	7	8	9	10	11	12	13	14	15	16	17
1	国内并购经验	1	—	—	—	—	—	—	—	—	—	—	—	—	—	—	—	—
2	跨国并购经验	0.15	1	—	—	—	—	—	—	—	—	—	—	—	—	—	—	—
3	国际合资经验	0.17	0.11	1	—	—	—	—	—	—	—	—	—	—	—	—	—	—
4	同行业经验	0.10	0.24	0.07	1	—	—	—	—	—	—	—	—	—	—	—	—	—
5	同区域成功经验	0.08	0.13	-0.11	0.18	1	—	—	—	—	—	—	—	—	—	—	—	—
6	文化距离	0.01	0.02	0.02	0.02	-0.25	1	—	—	—	—	—	—	—	—	—	—	—
7	地理距离	0.12	0.10	0.06	0.05	-0.27	0.60	1	—	—	—	—	—	—	—	—	—	—
8	制度距离	-0.30	-0.05	-0.13	0.04	0.01	-0.19	-0.19	1	—	—	—	—	—	—	—	—	—
9	并购双方行业相关性	-0.07	0.06	-0.02	0.07	0.07	-0.05	-0.15	0.00	1	—	—	—	—	—	—	—	—
10	并购双方相对规模	-0.09	0.32	-0.05	0.33	-0.07	-0.03	0.11	0.10	0.05	1	—	—	—	—	—	—	—
11	交易价值	0.14	0.15	0.10	0.13	0.05	-0.15	-0.11	-0.26	-0.01	0.13	1	—	—	—	—	—	—
12	是否雇佣中介	0.01	0.05	0.11	0.02	0.01	-0.14	-0.17	-0.12	0.11	0.05	0.15	1	—	—	—	—	—
13	是否现金交易	-0.07	-0.02	0.02	-0.05	-0.12	-0.02	-0.03	-0.15	0.01	-0.04	-0.22	0.13	1	—	—	—	—
14	并购企业规模	0.06	0.55	-0.02	0.29	0.24	-0.07	-0.13	-0.03	0.09	0.38	0.25	0.13	-0.24	1	—	—	—
15	并购企业国际化	-0.01	-0.31	-0.09	-0.39	-0.02	0.06	0.10	-0.26	0.23	-0.14	0.07	0.01	-0.15	-0.06	1	—	—
16	并购企业身份	0.05	-0.19	0.05	-0.14	0.01	0.03	-0.06	-0.12	0.08	-0.10	-0.06	0.05	0.09	-0.18	0.12	1	—
17	目标企业身份	0.07	0.04	-0.07	0.04	0.04	0.09	0.12	-0.11	0.04	0.12	-0.12	-0.07	-0.07	-0.13	-0.00	-0.01	1
18	并购企业盈利能力	0.06	0.18	-0.17	0.15	-0.04	-0.03	0.07	-0.14	0.01	0.13	0.36	0.02	-0.14	0.19	0.23	-0.19	-0.06

产生负向影响。支付方式为现金支付的情况下，短期内增加了企业的成本负担，增加了企业的财务风险，对并购绩效也产生负向影响。

模型2检验了企业自身经验中的国内并购经验对跨国并购绩效的影响，模型3检验了文化距离对其的调节作用。从模型2的结果可以看出，国内并购经验（Domestic M&A Experience）对跨国并购绩效无显著影响，H1没有得到验证。从理论分析可以看出，企业通过前期积累的国内并购经验学习如何去寻找并购目标、谈判及整合，但中国企业跨国并购的区域多集中于欧美等发达国家，在文化、政治、法律等方面与国内的背景差异还是较大。因此，实证结果并没有验证我们的假设，国内的并购行为所积累的经验有可能对跨国并购决策产生影响，但对并购后的绩效无显著影响。模型3的拟合结果表明，国内并购经验和文化距离的交叉项的系数为负，而且在10%的显著性水平下显著，代表了文化距离对国内并购经验的转移产生了阻碍，逆向影响了国内并购经验对跨国并购绩效的影响，H7得到验证。

模型4和模型5检验了跨国并购经验对并购绩效的影响以及文化距离的调节作用。从模型4的拟合结果可以看出，跨国并购经验的系数为0.06（$p=0.034<0.05$），在5%的显著性水平下显著，表明跨国并购经验越丰富的企业，跨国并购绩效越好，符合组织学习理论的研究结论。Haleblian和Finkelstein（1999）提出的跨国并购经验和并购绩效之间呈现正U形关系得到很多学者的认可（Zollo和Reuer，2006；Nadolska和Barkema，2007）。他们认为，当跨国并购经验较少时，企业会误用前期的跨国并购经验到后期的跨国并购过程中，导致经验和绩效之间呈现负向关系，只有经验积累到一定程度，企业才学会辨识不同跨国并购行为之间的区别，经验产生正向影响。但本书得出与之相反的结论。本书认为，中国企业"走出去"时间还较短，积累的经验较少，还处于学习过程中，在这个过程中，企业的每一次跨国并购操作过程，无论最后的并购结果是成功还是失败，都会为企业带来有益的信息，指导企业后续的跨国并购行为，从而提升绩效，验证了H2。模型5检验了文化距离对跨国并购经验和并购绩效之间关系的调节作用，拟合结果显示交叉项的系数为正，而且结果并不显著，H8中关于文化距离对跨国并购经验和跨国并购绩效之间关系的影响没有得到验证。

模型6和模型7检验了国际合资经验对跨国并购绩效的影响及文化距离的调节作用。从模型6和模型7的拟合结果可以看出，国际合资经验的系数在1%的显著性水平下显著为正，表明国际合资经验显著正向影响了跨国并购绩效，企业前期的合资行为对企业后期跨国并购行为的绩效是有积极影响的，符合Zollo和

Reuer（2006）提出的经验溢出理论，H3 得到验证。模型 7 中国际合资经验和文化距离的交叉项系数为 -0.24（p=0.004<0.01），说明文化距离显著负向调节了国际合资经验对跨国并购绩效的影响，H8 中国际合资经验部分得到验证。

从模型 2、模型 4 和模型 6 中国内并购经验、跨国并购经验和国际合资经验的拟合情况，可以看出，相对国际合资经验和国内并购经验，跨国并购经验对跨国并购绩效的影响效果最为显著，符合组织的行为学习理论。

表 8-3　企业自身经验与跨国并购绩效的回归结果

变量	模型 1	模型 2	模型 3	模型 4	模型 5	模型 6	模型 7
Intercept 常数	3.61*** (1.05)	3.39*** (1.15)	3.60*** (1.16)	3.59*** (1.16)	3.22*** (1.20)	3.42*** (1.13)	3.42*** (1.09)
Distance 地理距离	-0.29 (0.19)	-0.22 (0.27)	-0.27 (0.27)	-0.24 (0.27)	-0.35 (0.27)	-0.26 (0.26)	-0.29 (0.25)
Institutional Distance 制度距离	-0.16** (0.06)	-0.15*** (0.07)	-0.15*** (0.07)	-0.15** (0.06)	-0.14* (0.06)	-0.14** (0.06)	-0.14** (0.06)
Same Industry 行业相关性	0.08** (0.02)	0.07*** (0.02)	0.08** (0.02)	0.08* (0.02)	0.08 (0.02)	0.06* (0.02)	0.07 (0.02)
Relative Size 相对规模	-0.01 (0.00)	-0.01 (0.00)	-0.01 (0.00)	-0.01 (0.00)	-0.01 (0.00)	-0.01 (0.00)	-0.01 (0.00)
Deal Value 交易价值	0.14*** (0.07)	0.14*** (0.07)	0.16*** (0.07)	0.14* (0.07)	0.15* (0.07)	0.13 (0.07)	0.14 (0.07)
Advisor 是否雇佣中介	0.13 (0.11)	0.13 (0.12)	0.13 (0.12)	0.13 (0.11)	0.10 (0.12)	0.11 (0.11)	0.09 (0.11)
Cash Deal 支付方式	-0.10* (0.12)	-0.10* (0.13)	-0.09 (0.12)	-0.11* (0.12)	-0.15* (0.12)	-0.10* (0.11)	-0.06* (0.12)
Acquirer Size 收购者的规模	-0.07 (0.06)	-0.08 (0.06)	-0.07 (0.06)	-0.12 (0.07)	-0.12 (0.07)	-0.08 (0.06)	-0.07 (0.06)
Acquirer Internationalization 收购企业国际化程度	0.01 (0.00)	0.01 (0.00)	0.01 (0.00)	0.01 (0.00)	0.01 (0.00)	0.01 (0.00)	0.01 (0.00)
SOE Acquirer 收购企业身份	0.09* (0.11)	0.09 (0.12)	0.06 (0.12)	0.11* (0.12)	0.10 (0.11)	0.09 (0.11)	0.11 (0.11)

续表

变量	模型1	模型2	模型3	模型4	模型5	模型6	模型7
Public Target 目标企业身份	-0.03 (0.13)	-0.03 (0.13)	-0.03 (0.13)	-0.04 (0.13)	-0.06 (0.13)	-0.01 (0.13)	-0.02 (0.13)
Acquirer Profit 收购前企业盈利情况	0.01 (0.09)	0.01 (0.09)	0.04 (0.10)	0.01 (0.10)	0.01 (0.09)	0.02 (0.10)	0.03 (0.09)
Cultural Distance 文化距离	—	-0.02** (0.04)	-0.05** (0.05)	-0.02* (0.04)	-0.06** (0.05)	-0.02** (0.04)	-0.02* (0.04)
Domestic M&A Experience 国内并购经验	—	0.01 (0.02)	0.03 (0.04)	—	—	—	—
Domestic M&A Experience * Cultural Distance	—	—	-0.06* (0.02)	—	—	—	—
Cross M&A Experience 跨国并购经验	—	—	—	0.06** (0.02)	0.07** (0.03)	—	—
Cross M&A Experience * Cultural Distance	—	—	—	—	0.02* (0.01)	—	—
Cross J&V Experience 国际合资经验	—	—	—	—	—	0.33*** (0.14)	0.84*** (0.26)
Cross J&V Experience * Cultural Distance	—	—	—	—	—	—	-0.24*** (0.09)
Year	是	是	是	是	是	是	是
Industry	是	是	是	是	是	是	是
调整的R方	0.35	0.27	0.31	0.41	0.62	0.55	0.48
样本量	204	204	204	204	204	204	204

注：*** 表示 $p<0.01$，** 表示 $0.01<p<0.05$，* 表示 $0.05<p<0.1$，括号内数值为标准误差。

三、企业外部学习经验对跨国并购绩效的影响

表8-4展示了企业外部经验与跨国并购绩效的OLS回归结果。与表8-3结果一致，模型1展示的是控制变量的影响。模型8检验了同行业跨国并购经验对企业跨国并购绩效的影响，模型9检验了文化距离对同行业跨国并购经验和跨国并购绩效之间关系的调节作用。从模型8可以看出，同行业企业的跨国并购经验对跨国并购绩效的影响结果并不显著，假设4没有得到验证。理论分析表明，相

第八章 组织经验、文化距离和跨国并购绩效

对于不同行业的企业,同一行业背景下的企业的组织经验溢出效应应该更为明显,企业应该从同行业企业中获得更多的经验来影响自身的跨国并购绩效。但本书的实证结果并没有验证这一点,原因可能在于,中国企业在跨国并购过程中,常常存在本国同行业之间恶意竞争的情况。面对同一标的企业,竞争者有可能都是来自中国的同行业企业,因此,同行业企业之间的信息交流并不畅通,企业很难从同行业企业那里获取有益于自身跨国并购行为的知识。实证结果表明,中国企业跨国并购过程中的外部学习中的同行业经验并没有对后续企业的跨国并购绩效产生影响。从模型9可以看出,文化距离对二者之间关系也无显著调节作用,假设5中文化距离对企业同行业经验和跨国并购绩效无显著调节作用的结论得到验证。

模型10检验了同区域成功的跨国并购经验对跨国并购绩效的影响。从模型10的拟合结果可以看出,同区域成功的跨国并购经验的系数在10%的显著性水平下显著为正,说明同区域成功的跨国并购经验显著正向影响了收购企业后续的跨国并购绩效,符合结果模仿理论。前期企业在该国实施了成功的跨国并购,降低了后续企业在该国实施跨国并购的障碍和交易成本,因此,从前期成功的同区域企业的跨国并购行为中学习提升了后续企业的跨国并购绩效。模型11检验了文化距离对同区域成功的跨国并购经验和跨国并购绩效之间关系的调节作用,交义项的系数并不显著,说明义化距离对同区域成功的跨国并购经验和跨国并购绩效之间无显著调节作用,假设5得到验证。

无论是表8-3还是表8-4的结果,文化距离对企业跨国并购绩效都有显著负向影响,随着文化距离的增加,并购企业跨国并购的绩效在降低,表明随着文化距离的增加,跨国并购过程中知识转移的难度增加,企业很难全面获取目标企业的信息,信息不对称水平增加,可能导致跨国并购过程中的误操作,因此跨国并购绩效降低,假设6得到验证。

表8-4 企业外部经验与跨国并购绩效的回归结果

变量	模型1	模型8	模型9	模型10	模型11
Intercept 常数	3.61*** (1.05)	0.55*** (1.17)	0.96** (1.19)	0.49* (1.19)	0.49** (1.21)
Distance 地理距离	-0.29 (0.19)	-0.22 (0.27)	-0.29* (0.27)	-0.23 (0.27)	-0.23 (0.28)

续表

变量	模型1	模型8	模型9	模型10	模型11
Institutional Distance 制度距离	-0.16** (0.06)	0.11* (0.06)	0.11*** (0.06)	0.11** (0.06)	0.11* (0.06)
Same Industry 行业相关性	0.08** (0.02)	0.01 (0.12)	0.01* (0.12)	0.01 (0.12)	0.01 (0.12)
Relative Size 相对规模	-0.01 (0.00)	-0.01 (0.00)	-0.01 (0.00)	-0.01 (0.00)	-0.01 (0.00)
Deal Value 交易价值	0.14*** (0.07)	0.14*** (0.07)	0.15*** (0.07)	0.14** (0.07)	0.14** (0.07)
Advisor 是否雇佣中介	0.13 (0.11)	0.14* (0.12)	0.11 (0.12)	0.13 (0.12)	0.13 (0.12)
Cash Deal 支付方式	-0.10* (0.12)	-0.11 (0.12)	-0.15* (0.12)	-0.11* (0.12)	-0.11* (0.12)
Acquirer Size 收购者的规模	-0.07 (0.06)	-0.11* (0.08)	-0.11 (0.08)	-0.07 (0.07)	-0.07 (0.07)
Acquirer Internationalization 收购企业国际化程度	0.01 (0.00)	0.01 (0.00)	0.01 (0.00)	0.01 (0.00)	0.01 (0.00)
SOE Acquirer 收购企业身份	0.09* (0.11)	0.09 (0.11)	0.09 (0.11)	0.09* (0.12)	0.09 (0.12)
Public Target 目标企业身份	-0.03 (0.13)	-0.04* (0.13)	-0.06 (0.13)	-0.02 (0.13)	-0.02 (0.13)
Acquirer Profit 收购前企业盈利情况	0.01 (0.09)	0.01 (0.10)	0.01 (0.10)	0.02 (0.13)	-0.02 (0.10)
Cultural Distance 文化距离	—	-0.03** (0.04)	-0.05* (0.05)	-0.02* (0.04)	-0.02* (0.05)
Same Industry Experience 同行业经验	—	0.02 (0.02)	0.03 (0.04)	—	—
Same Industry Experience * Cultural Distance	—	—	0.02 (0.01)	—	—
Same Area Success Experience 同区域成功经验	—	—	—	0.03* (0.07)	0.03* (0.10)

第八章　组织经验、文化距离和跨国并购绩效

续表

变量	模型1	模型8	模型9	模型10	模型11
Same Area Success Experience * Cultural Distance	—	—	—	—	0.01 (0.05)
Year	是	是	是	是	是
Industry	是	是	是	是	是
调整的 R 方	0.35	0.33	0.48	0.37	0.42
样本量	204	204	204	204	204

注：*** 表示 $p<0.01$，** 表示 $0.01<p<0.05$，* 表示 $0.05<p<0.1$，+ 表示 $0.1<p<0.15$，括号内数值为标准误差。

四、稳健性检验

为了保证研究结果的稳健性，对跨国并购绩效进行重新度量，采取收购企业的股票价格在收购完成前三个月和完成一周以后的变动值的对数来度量并购绩效，进行 OLS 回归，得到了基本一致的回归结果，表明本章的结论是稳健的。

第四节　本章小结

本章探讨了不同来源的企业经验对跨国并购绩效的影响，并探讨了文化距离对经验和绩效之间关系的调节作用。选择 1997～2015 年中国企业的跨国并购为样本，采用 OLS 回归的方法进行分析，研究结论如下：

（1）企业自身经验中的跨国并购经验和国际合资经验对后续跨国并购绩效有显著影响，但国内并购经验对并购企业后续的跨国并购的绩效并无显著影响。相对于国内并购经验和国际合资经验，跨国并购经验对后续跨国并购绩效的影响结果更为显著。国际合资经验对跨国并购绩效也有显著影响，表明企业在进行国际化扩张时，如果感觉风险较大，可以先采取合资的方式，积累的国际合资经验有利于提升后续并购行为的绩效。

（2）外部模仿经验对后续跨国并购绩效的影响并不显著。从拟合结果可以看出，基于轨迹模仿的同行业经验对跨国并购绩效并无显著影响，基于结果模仿

的同区域成功的跨国并购经验对跨国并购绩效有显著影响。说明企业在跨国并购过程中，可以模仿前期同一国家的成功的跨国并购经验来实施跨国并购行为，有可能取得较好的绩效。

（3）文化距离对企业自身经验的转移有显著影响。文化距离显著负向调节了国内并购经验、国际合资经验和跨国并购绩效之间的关系。随着文化距离的增大，国内并购经验的适应性越弱，国内并购经验对跨国并购绩效的影响越小。文化距离对国际合资经验和跨国并购绩效之间的关系也是负向调节作用。但文化距离对跨国并购经验、企业外部经验对跨国并购绩效的影响并无显著调节作用。

（4）文化距离显著影响了跨国并购绩效。从本章的实证结果可以看出，文化距离显著负向影响了跨国并购绩效，随着文化距离增加，跨国并购绩效有降低的趋势。说明国家之间宏观层面的差异对企业的微观行为是会产生影响的。

第九章 跨国并购中组织学习效应的案例分析

第一节 中国汽车行业跨国并购的背景分析

一、中国汽车行业的发展现状

我国汽车工业起步较晚，但自1953年以来，经过60多年的迅速发展，我国汽车工业规模不断扩大，实现了跨越式发展，现已成为汽车产销大国，全球第一汽车市场。然而，在我国汽车工业发展的初期，考虑到汽车行业对于国家的重要性和我国汽车行业的国情，我国政府对汽车行业一直实施市场准入政策和限制外资进入的政策。随着中国经济发展，汽车市场规模也随之不断扩大，根据中国汽车工业协会的数据（见图9-1），截至2018年，中国汽车产销量达到了2781万辆，成为了世界上最大的汽车生产销售国家之一。

尽管中国汽车市场份额主要由合资厂商占领，但是近年来中国的自主汽车品牌依靠价格优势和本土化优势，自主厂商的市场份额也开始逐步扩大。如图9-2所示，2018年，中国乘用车企业销售排行榜上的前15名包括吉利汽车、长城汽车、长安汽车、上汽汽车和广汽传祺五个自主品牌。尽管在消费者的潜意识里，自主品牌的低端形象仍然难以抹去，但是从销量来看，中国自主品牌的市场占有情况已逐步扩大，在汽车市场中获得了可观的市场份额。

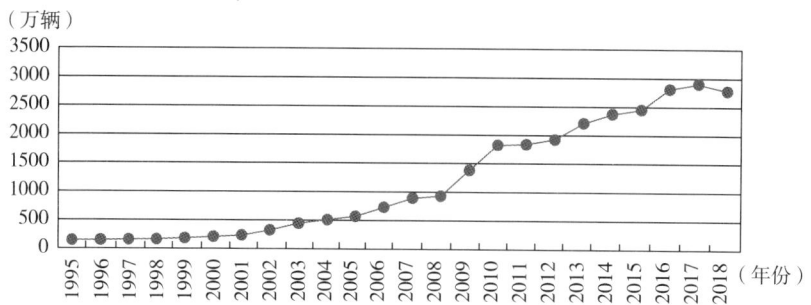

图 9-1 1995~2018 年全国汽车年产量变化

资料来源：中国汽车工业协会。

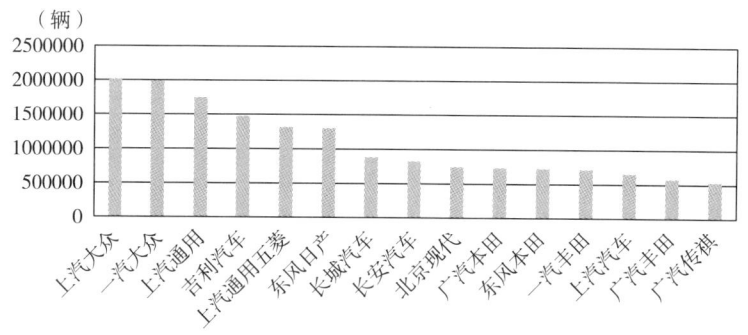

图 9-2 2018 年中国乘用车销售企业前 15 分布情况

资料来源：全国乘用车市场信息联席会。

尽管中国汽车企业在制造高水平汽车的能力上和汽车设计制造的核心技术上与发达国家仍具有差距，但是近年来随着并购、整合与自主研发等方式对整车制造能力进行吸收，我国已经掌握了比较高水平的汽车制造能力。从图 9-3 可以看出，2018 年中国汽车出口量达到了接近 120 万辆，涨幅较 2016 年接近 70%。另外，由于我国已经计划于 2022 年放开汽车行业外资持股比例限制，逐步大幅放开汽车产业的行业准入政策，我国的汽车企业更加注重于推动上下游本土企业在和外资企业的竞争及合作中加大研发投入和创新经营理念，有效地提升产品和服务的质量与技术水平。在最新实施的国 6 排放标准中，包括吉利汽车等汽车企业率先达到了国 6 排放实施标准，这也表明我国的汽车企业的研发制造能力达到了一个新的水平。除了出口以外，近年来，中国的吉利汽车、长城汽车和奇瑞汽车等一些汽车制造商，已经在伊朗、俄罗斯等国家和地区建设生产基地，提高了全球化的汽车生产制造能力。

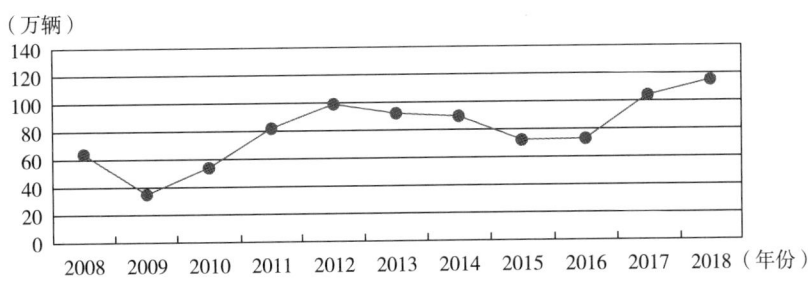

图9-3 2008~2018年中国汽车出口数量变化

资料来源：中国汽车工业协会。

二、中国汽车行业跨国并购的发展历程

中国汽车行业跨国并购始于2001年。在中国加入WTO之后，汽车产业从此开始承受加快对外开放的压力。虽然国家为中国汽车产业争取了3年过渡期，即从2002年至2004年，在这期间我们可以继续实行汽车进口的配额许可证管理。但很明显，原有的汽车产业政策已不再适应新的发展环境。一方面，由于打开的国内市场必然会受到国外汽车巨头的冲击；另一方面，为了寻求技术突破、提升本土品牌的核心竞争力，中国汽车企业便开始了跨国并购的进程。

以2008年金融危机为分界线，中国汽车企业的跨国并购之路大致分为两个阶段：第一阶段主要由2001年万向集团收购美国汽车零件制造商UAI公司21%的股份，成为UAI公司最大的股东开始，这是中国汽车企业首次跨国并购。在这期间，最著名的并购为2004年上汽集团以5亿美元收购韩国双龙的案例。这一起在中韩两国乃至全球引起了巨大轰动的并购，由于中韩两国的文化差异，尤其是在工会文化上的差异，导致在收购后期的整合阶段中方失去了对双龙汽车的控制，并最终导致了2009年韩国双龙宣布申请破产保护。

由于2008年美国次贷危机引发经济危机蔓延至全球，欧美国家汽车行业遭到重大打击。美国的通用汽车、克莱斯勒等汽车公司申请破产保护，欧洲的戴姆勒集团、大众汽车和巴伐利亚汽车制造厂也被迫进行大面积裁员和停产。中国汽车企业在此时开启了第二阶段的汽车行业跨国并购。其中，2010年中国汽车企业浙江吉利控股集团斥资18亿美元全资收购瑞典沃尔沃汽车，是这一时期影响力最大的跨国并购案例之一,如表9-1所示。

表9-1 2001~2018年中国汽车企业跨国并购主要事件

时间	收购企业	目标企业	客户所在国	收购金额	简要说明
2001年5月	万向集团	UAI	美国	280万美元	收购UAI21%的股份,成为最大股东
2002年10月	上汽集团	通用大宇	韩国	5970万美元	收购通用大宇10%的股份
2004年10月	上汽集团	双龙汽车	韩国	5亿美元	收购双龙48.9%的股份,成为第一大股东
2005年7月	南汽集团	罗孚汽车	英国	5300万英镑	收购MG罗孚25,MG罗孚75两个车型和全系列发动机和知识产权
2006年10月	吉利集团	英国锰铜	英国	2163万美元	吉利成为英国锰铜控股公司第一大股东
2007年7月	万向集团	UAI公司	美国	2500万美元	获得UAI30%的股份,成为第一大股东
2009年3月	吉利集团	DSI公司	澳大利亚	5600万美元	吉利全资收购DSI,DSI是全球仅有的两家独立于汽车厂家之外的变速器生产厂家之一
2009年12月	北汽集团	萨博	瑞典	2亿美元	收购萨博9-5、9-3两个整车平台和两个系列的涡轮增压发动机和变速箱的技术所有权
2010年3月	吉利集团	沃尔沃	瑞典	18亿美元	吉利收购沃尔沃100%的股权
2014年3月	东风集团	标致雪铁龙	法国	11亿美元	收购标致雪铁龙14%的股份
2014年	福田汽车	宝沃汽车	德国	500万欧元	购买宝沃商标所有权
2017年5月	吉利汽车	宝腾汽车、路特斯	马来西亚	12亿美元	收购宝腾控股49.9%的股份以及英国豪华跑车品牌路特斯集团51%的股份
2018年	吉利汽车	戴姆勒公司	德国	90亿美元	共收购了戴姆勒集团9.69%的股份,使吉利成为德国戴姆勒集团的第一大单一股东,同时吉利承诺长期持有其股权

资料来源:笔者根据公开资料整理所得。

三、中国汽车行业跨国并购的特点

（一）并购规模不断扩大

从中国企业行业跨国并购的发展历程来看，汽车行业的跨国并购数量和金额都在不断扩大。从万向集团斥资 280 万美元并购美国 UAI 到吉利 18 亿美元并购沃尔沃，中国汽车行业的跨国并购交易金额越来越高，跨国并购目标企业的品牌全球影响力越来越大。这种现象有两方面的原因：一方面，我国汽车行业并购过程中，资本优势明显。另一方面，受 2018 年金融危机影响，老牌车企需要外部资金来支持企业发展，保持品牌影响力。我国汽车行业的跨国并购数量也不断扩大，上汽、吉利等企业都开展了多项同产业链的跨国并购。

（二）民企并购规模越来越大

早期，中国汽车企业的跨国并购中主并方多为国有企业，国有企业在资金、技术、人员方面有明显优势，上汽、一汽、东风等国有汽车企业占据了大部分的市场份额。但民营汽车企业危机意识强烈，在技术、人员、经验均落后，融资成本较高的情况下，民营企业积极寻找拓展企业品牌或产业链的并购机会，多种方式开展跨国并购。典型案例如吉利集团通过并购沃尔沃汽车，提升了企业的国际影响力和综合竞争力，在市场、技术、品牌方面都对企业有较大提升。

（三）获取技术和品牌为主

从梅赛德斯－奔驰发明了汽车，福特汽车发明了汽车生产流水线以来，汽车制造技术发展到今天已经有了一百多年的历史。老牌资本主义国家汽车制造技术和工艺客观上是全面领先的。然而我国的汽车制造从 1953 年起步至今，仅仅经过了 60 多年，与发达国家差距明显。若是仅仅依靠自身研发突破技术瓶颈，时间上的余地并不富余。所以，从近年来汽车企业的跨国并购中可以看出，大部分的跨国并购都是为了获取技术，然后再利用已有的成熟技术快速发展，促进产业升级。另外，在今天风云突变的汽车市场上，我国汽车企业在获得了优质的整车制造技术以后，除了汽车制造技术，品牌也成为了一个重要因素，成为了制约车企发展的关键因素之一。从这两个方面来分析，各大汽车制造集团进行跨国并购，主要是为了迅速获取整车制造技术和获得具有影响力和市场认可的汽车品牌。例如：万向集团收购 UAI 公司，以较低的价格获得了其汽车制动器技术；上汽收购罗孚汽车，获得了其两个整车车型的全部知识产权以及 MG 汽车的品牌；北汽集团收购萨博汽车，获得了其萨博 9-5 和萨博 9-3 整车平台；吉利汽车收购 DSI 变速器公司、沃尔沃汽车、宝腾汽车和莲花汽车，不仅获得了变速器技术、整车制造平台，更获得了沃尔沃、宝腾和莲花这三个享誉世界的汽车品牌。

（四）并购中遭遇发达国家技术封锁

数据显示，2018年，中国品牌乘用车共销售2781.9万辆。其中，合资品牌乘用车销量占全部乘用车销售量的73%，而国内自主品牌乘用车仅占不到20%。国内市场的对比悬殊是促成国内汽车企业尤其是民营汽车企业通过实施跨国并购获取国外先进技术、品牌以及市场来提升自己竞争力的原因。但国内汽车行业"走出去"过程中面临的最大壁垒就是发达国家的技术封锁，汽车制造领域的知识产权掌握在几个大的国际汽车企业中，国内企业想通过实施跨国并购来获取技术，但汽车企业和其所在国家和地区对跨国并购过程中的知识产权转移设置了严格的壁垒，很多失败的跨国并购案例原因就在于此。

第二节　中国典型汽车企业跨国并购的历程分析

随着国内经济的不断发展，汽车行业实现了稳定增长。出于培养国外市场、获得核心技术等各种原因，我国汽车企业的"走出去"进程不断推进，企业通过合资、并购等模式实现了国际化，企业的国际化经营能力不断提升，但这个过程也积累了丰富的经验。

一、北汽集团跨国并购的历程分析

（一）北汽集团国际化战略的背景分析

北汽集团是原"北京汽车工业集团总公司"的简称，是我国国有独资企业，已有50多年的发展历史，资产总额365亿元。2008年，北汽控股公司制定了实现产销汽车100万辆、销售收入1000亿元的"百万千亿"目标，并正以更加开放的姿态融入国际汽车行业的发展，成为北京经济的支柱产业。2019年，北汽集团国际化业务提出坚持"总部管控、属地运营、分类施策、业绩导向"的工作总基调，以强化合规经营、规范属地运营、提升盈利能力、实现稳健发展为目标，加速推动"产能走出去""市场走进去"目标达成。截至2019年，北汽集团在全球拥有13万多名员工，在墨西哥、印度、日本、荷兰、西班牙、德国、意大利、美国等30多个国家和地区建立了整车及KD工厂，市场遍布全球80余个国家和地区。

（二）北汽集团跨国并购的典型案例

1. 2009 年竞购欧宝公司失利

欧宝公司是老牌德国车企，至今已有 100 多年历史，企业创建之初主要生产缝纫机和自行车。20 世纪 20 年代欧宝开始进入汽车行业，建立了德国第一条汽车流水线，生产的汽车多为低端车，在德国低端车市场占有率较高，后被美国通用汽车公司收购。2008 年经济危机后，欧宝汽车的经营每况愈下，于 2009 年正式申请破产保护重组，走向了被出售的道路。当时北汽正处于国际化战略发展的关键时期，欧宝作为欧洲市场占有率较高的小型车生产商，对北汽有足够的吸引力。若能并购成功，一方面，北汽可以顺利进入欧洲市场，另一方面，欧宝拥有的小型车生产技术和品牌对北汽的国际化发展也有重要意义。北汽组建专门团队，开始参与欧宝的竞购。

竞购初始阶段，北汽给出了 6.6 亿欧元的高价，北汽想通过并购欧宝的品牌迅速进入欧洲市场，从而争取步入国内第一汽车阵营。与另外两家竞购商相比，北汽不仅在价格上最高，其他条件也相当优惠，对德国政府提出的援助资金金额仅为 26.4 亿欧元，裁员数量也较少。另外两家公司的竞购方案无论从价格上还是需要政府援助上都无法与北汽相竞争。但通用汽车公司在竞购初始阶段就宣判了北汽的出局，一方面原因在于，通用并不想将欧宝出售给中国汽车企业，另一方面在于，北汽希望欧宝设立中国工厂的想法触碰了通用和德国政府的敏感神经。这次竞购失败的经历给北汽的并购团队留下了深刻的印象。

2. 2009 年收购萨博核心知识产权

北汽实施国际化战略以来，跨国并购的主要目的就是购买知识产权。萨博是满足北汽收购要求的典型目标企业，一方面萨博公司和品牌质量好，产品简单；另一方面萨博公司拥有世界上最厉害的发动机技术——萨博是涡轮增压技术的鼻祖。此次收购进行比较顺利，北汽顺利收购了萨博，并拥有其 2005 年之前的所有知识产权，仅产权的购买就花费了 2 亿美元，主要包括三个整车平台、两个发动机系列、两个变速箱产品，上述产品的专利共计 79 项，其余部分包括整个研发体系、供应商管理体系、生产制造体系和质量管理体系。知识产权里有 3 吨多重的资料，是萨博产品的全套工艺制造。萨博的这些核心技术填补了北汽在发动机领域的空白，北汽迅速组建专业团队，吸收消化萨博的核心技术，并以此为背景，推出了"北京牌"高级轿车。但深入分析，此次并购仍然受到了发达国家车企对核心知识产权限制的影响，北汽购买的仅是 2005 年以前的知识产权，其近几年的知识产权都归属通用下属子公司 GTO，并没有被北汽买下。

二、吉利集团跨国并购的历程分析

（一）吉利集团国际化战略的背景分析

浙江吉利控股集团（以下简称"吉利"）创建于 1986 年，创始人李书福初期以摩托车为由，突破政府禁止民间造车的限制，通过不断地国内收购，于 1997 年正式进入轿车行业，2004 年在香港证券交易所上市。吉利集团总部位于浙江杭州，在成都、宁波、济南等地建有汽车整车与动力总成制造基地。吉利成立多年来，一直专注于技术创新与人才的培养，迄今为止取得了快速的发展。吉利公司成立 30 多年以来，汽车销量逐年递增，销售网络不仅遍布全国，在海外也有将近 200 个销售服务点。如今总资产已超 340 亿元，连续四年跻身中国汽车行业 10 强，连续六年跻身中国企业 500 强。目前，吉利已拥有专利技术一万余项，下属子公司已生产制造十余个系列共 30 多个整车产品。为了提升品牌的影响力，吉利集团也先后发起了一系列的跨国并购行为。吉利集团从 2007 年开始战略转型，于 2010 年相继成功收购澳大利亚 DSI 和沃尔沃，国际化战略为吉利带来了新的发展机遇。

（二）吉利集团跨国并购的典型案例

1. 2006 年收购英国锰铜公司

英国锰铜控股有限公司创立于 19 世纪末，早期主要生产模具，随着企业规模的扩大，产品转向了摩托车。随后几年，锰铜公司的摩托车业务不断壮大，逐渐代替了模具成为其主要产品。21 世纪初，锰铜公司的业务再一次发生改变，推出了新型出租车 TX4。从推出之日起，该公司的黑色出租车成为英国伦敦的标志之一。2006 年，吉利汽车开始接触海外品牌，购得锰铜控股 19.97% 的股权。为了降低锰铜的生产成本，锰铜公司将其部分生产任务转移至中国。为此，2006 年，吉利汽车、上海华普与英国锰铜控股公司共同成立合资公司英伦帝华。共同生产新型出租车 TX4。近年来，大部分的英伦出租车零部件在中国生产，在英国锰铜工厂内完成组装。

2. 2009 年收购澳大利亚 DSI 自动变速器公司

澳大利亚 DSI 自动变速器公司开创于 1928 年，主要生产自动变速器。受 2008 年金融危机和决策失误两大因素影响，DSI 自动变速器公司销售量锐减，资金链断裂，宣布破产。吉利获取这一消息以后，组建专业团队，聘请中介结构，仅用了 40 天时间就完成了对 DSI 自动变速器公司的收购，最后的交割价位为

5400 澳元。与北汽的收购一样，吉利对 DSI 自动变速器公司的收购也是基于其变速器技术。通过收购，吉利掌握了 DSI 自动变速器公司多年的研发成果，提升了吉利自身的自动变速箱技术的研发和生产能力。通过收购，吉利在原有小扭矩自动变速器的自主知识产权基础上，产品线也大大丰富了，吉利自动变速器的研发和生产能力得到大幅度增强。吉利的国际化程度以及未来车型的竞争力都得到了较大提升。

3. 2010 年并购沃尔沃

沃尔沃始创于 1927 年，总部位于瑞典哥德堡，是瑞典最大的汽车集团，同时也是北欧最大的汽车集团，世界著名的豪华汽车的制造商。沃尔沃生产的汽车性能优异、安全可靠，在汽车安全方面被消费者认可。沃尔沃发明了多项安全技术，并于 1972 年推出了第一个儿童专用后座。沃尔沃凭借其数量众多的安全产品，被公认为"世界上最安全的汽车"。1999 年，美国福特汽车斥资 64 亿美元收购沃尔沃，拥有其 100% 的股份，使沃尔沃成为其全资子公司。但是沃尔沃汽车的销量在收购后的十几年里并未像之前一样大幅增长，反而一路狂跌。2008 年 12 月，深陷危机的福特公司终于宣布出售旗下沃尔沃品牌。2010 年 3 月 28 日，吉利集团与福特公司正式签署了沃尔沃的收购协议，吉利实现了对沃尔沃 100% 股权的收购，包括其关键技术与知识产权。2010 年 8 月，吉利完成了对沃尔沃的全部收购，沃尔沃发展成为吉利的全资子公司，代表并购完成。

吉利本身的技术以及资金储备存在着不足，单单依靠吉利自身的发展是不够的，缺乏自主创新也不是一两日就可以突破的。吉利所生产的汽车一直走的是低端路线，采用低成本低价格的运营模式，虽然吉利集团一直致力于研发创新，但是仍然无法打入中高端市场。吉利曾经尝试过战略转型，但是其技术成果仍然远远落后于外国的先进技术，更无法改变其在消费者心中廉价车的形象，无法与外国车竞争。沃尔沃本身在豪华车领域一直是佼佼者，拥有多项专利技术储备。沃尔沃高度注重汽车的安全性，追求汽车的品质质量，被称为"世界上最安全的汽车"。不仅如此，在低碳环保方面沃尔沃也取得了很大成果，其投入了大量的资金在新能源汽车方面。因此，对沃尔沃的并购可以使吉利获得沃尔沃的先进技术和人才，进而提高自主研发能力。吉利通过对沃尔沃的收购，丰富了其汽车的品牌产品，得到了沃尔沃豪华车技术，使其找到了一个通往高端车市场的捷径。

4. 2018 年收购德国戴姆勒公司 9.69% 股权

2018 年初，吉利公司给整个汽车圈带来了一个重大消息——通过其旗下海外企主体收购德国戴姆勒公司 9.69% 具有表决权的股份，成为戴姆勒最大单一大股东。入股戴姆勒，在品牌和市场地位上来说对整个吉利集团起到了一个提升的作用，包括吉利集团在全球市场的扩张、吉利和戴姆勒在新能源领域、电池技术、自动驾驶和智能网联方面的技术合作，以及拥有顶尖水平的戴姆勒商用车和乘用车在中国借吉利进一步落地，甚至还有更大的想象空间。

三、上汽集团跨国并购的历程分析

（一）上汽集团国际化战略的背景分析

上海汽车集团股份有限公司（简称"上汽集团"）是中国最大的汽车生产制造企业，主要从事研发、生产、销售汽车整车和汽车零部件，并从事相关汽车服务贸易和金融投资业务。上汽集团凭借在汽车产业链上较为完整的布局、持续提升的创新研发能力，以及整体上市后借力资本市场的加快发展，上汽集团整车产销规模多年来保持国内领先。国际化初期，上汽为了获得全球资源，采取通过与德国大众等国外企业的合作，建立上海通用、上海大众等合资品牌的发展模式。但合资模式造成上汽集团自主研发能力不足，严重制约了自主品牌的塑造。因此，上汽集团开始将目标瞄准海外，希望通过跨国并购来获得技术人才和知识，提升自主研发能力，打入国际市场，争取进入国际知名汽车企业行列。

（二）上汽集团跨国并购的典型案例

1. 2003 年上汽并购韩国双龙

1954 年，双龙公司创立。双龙是韩国第四大汽车制造公司，主要生产重型商务车和特殊用途车辆，是亚洲越野车的开创者。在 1983 年，双龙成功并购了东亚汽车改名为双龙汽车。1988 年，双龙汽车开启了韩国 SUV 时代，在市场中引起了极大的反响，开始进入全球化运营。20 世纪 90 年代，双龙汽车和奔驰公司达成技术合作，技术在短期内获得了飞速发展。1993 年，为进入高级轿车领域，双龙举债 10 亿美元引进奔驰轿车生产技术之后，研发能力和技术得到了极大的提升，开始进入高档车市场。1997 年亚洲金融危机爆发，双龙汽车到期债务达 17 万亿韩元，资金链断裂，由于资不抵债被大宇集团收购。1999 年，双龙汽车被分离出来。之后，由于企业经营管理不善，自有资本降到负 613 亿韩元，双龙陷入债务危机面临破产。1999 年，双龙债权团计划出售持有股份。2003 年下半年，债权团最终做出了抛售双龙股权的决定。2004 年 7 月，上汽集团获得双龙汽车股份的优先购买权。经过谈判，双龙汽车的股权以每股 10000 韩元成交，总收购价格为 5900 亿韩元，约合 41 亿元人民币。2004 年 10 月 28 日，上汽集团正式收购双龙汽车 48.92% 的股权。2005 年 1 月 27 日，上汽集团又通过二级市场进行收购，增加持有双龙汽车的股份达到51.33%成为双龙汽车的最大股东。但在后期整合过程中，由于韩国工会组织的阻挠及韩国本土政策的变化，并购后的双龙汽车仍然长期处于亏损状态。2009年2月，上汽集团放弃了对双龙汽车的控制权，并购宣告失败。

2. 上汽收购罗孚部分股权

1999年，政府提出"走出去"战略。这一战略提出以来，我国各大企业对外投资的步伐呈现出明显加快的趋势，在跨国并购方面体现得尤为明显，呈现出了并购金额日益扩大、并购领域逐步扩宽、并购水平不断提高等特点。

虽然罗孚集团一直在不断地进行研发，推出新款车型，但其资产状况仍未得到改善，MG罗孚集团因经营不善导致负债并最终破产。2005年4月8日，罗孚集团宣布破产，其债务高达14亿英镑。2004年，在罗孚宣布破产的前一年，上汽集团以6700万英镑的价格收购了罗孚集团的部分资产。MG罗孚想通过出售部分资产保证其业务的正常运行，并且希望能够与上汽继续合作，使罗孚在全球汽车市场上的利润增加。但当时的MG罗孚品牌归宝马所有，上汽并未收购这个品牌。上汽与罗孚之间的联盟得到了时任英国首相布莱尔的支持，并决定为罗孚提供1.2亿万英镑的贷款。但是，英国政府后来撤回了为罗孚集团提供贷款的决定，上汽集团因此终止了与罗孚的合作。

罗孚集团宣布破产后，上汽集团递交6000万英镑为竞标价，并计划收购罗孚后在英国长桥建立工程设计中心，雇佣罗孚3000多名员工。此行为得到了英国工会的支持。之后上汽还计划将罗孚发动机的设计和生产迁回至中国。

3. 2007年上汽整合南汽

2007年12月，上汽集团与南汽集团的控股股东跃进汽车集团决定实施全面的合作。双方通过整合的方式，将南汽集团的业务并入上汽集团。其中，上海汽车出资20.95亿元购买跃进集团的整车及零部件资产，其他零部件和服务贸易资产将进入上汽集团和跃进集团合资的东华公司，跃进集团拥有东华公司25%的股权，名爵成为上汽旗下的自主品牌，其将通过荣威不同的市场定位来实现自身的发展。

在资产整合后，新南汽成为上汽的全资子公司，南汽也被纳入到上汽集团的合并报表。上汽和南汽这两个集团在汽车产业链上实现了全面的资源共享，在整车生产、零部件制造以及其他业务方面实现了优势互补。双方通过在研发、制造、采购等方面的全面合作，提升了南汽集团的汽车制造能力以及上汽集团在全球范围内的竞争能力。这起"上南合作"事件在我国汽车发展史上是最大的资产重组案例。

第三节 中国汽车行业跨国并购过程中的组织学习效应研究

自我国汽车产业诞生以来,经历了从无到有、从小到大的发展历程。尤其是加入 WTO 以来,通过与国外知名企业合资合作,依托国内广阔的汽车市场,我国汽车产业更是得到了前所未有的高速发展。国际市场环境、国家战略导向、自身发展需求,都促进我国汽车企业探索加快走出去、开展对外直接投资,获取海外优质资产和先进技术,学习海外先进的经营理念和管理模式,吸收海外优秀国际化创新人才,增强我国汽车品牌的国际竞争力。这已成为我国汽车企业未来发展的重要方向。回顾中国汽车行业跨国并购的发展历程,分析中国汽车行业典型的跨国并购案例,本书将探寻中国汽车行业跨国并购过程中的组织学习效应,对更好地推动我国汽车行业"走出去"具有重要意义。从上述我国汽车企业典型的跨国并购案例可以看出,我国汽车企业在跨国并购过程中存在组织学习效应。

第一,企业可通过自身的跨国并购行为积累经验,引导后续的跨国并购。以吉利收购 DSI 和英国锰铜公司的跨国并购为例,吉利在这个过程中积累了一定的跨国并购经验。吉利在该次并购中娴熟地运用了资本运作手段以及西方并购案例中常用到的"换股"技术,通过经验的积累为后续的企业资本运作和跨国并购成功做好更充分的准备工作。并购过程中,通过周密的准备和艰苦的谈判,具体运作过程得到磨炼,企业也日益成熟和老练。对收购目标的估值、收购后企业的可持续性等问题,做了充分的考虑和规划;筹措并购资金,选择并购时机,都显得游刃有余。为企业后续的跨国并购更加熟练自信积累成功经验。

第二,企业可以学习同行业经验以便更好地实施跨国并购。吉利并购沃尔沃时,在关键的知识产权问题的解决上,吉利提供了很有创意的解决方案,使双方达到了"非常共赢"。在知识产权谈判过程中,国际上一直担心并购之后吉利会将沃尔沃及其技术完全据为己有,而吉利则通过强调沃尔沃的独立性,成功打消了这种疑虑。吉利收购 100% 产权是知识产权的核心,但福特在过渡时期也拥有相关知识产权的使用权,双方暂时能够共享零部件。这一种不失原则性的灵活策略,为我国企业未来的海外并购积累了宝贵的经验,积累了并购中解决知识产权问题的经验,可指导后续企业的跨国并购。

第十章　研究结论、局限和展望

第一节　研究结论

本书基于我国企业跨国并购的数量飞速增长但失败率却居高不下的背景,试图从组织学习的视角探索影响我国企业跨国并购行为的因素。基于组织学习理论和行为学习理论,本书选择 1997~2015 年中国企业实施的跨国并购为样本,采用 Cox 比例风险模型和 OLS 经典回归模型对组织经验和企业跨国并购行为之间的关系进行了检验,并探索了跨国并购过程中宏观背景对经验转移的影响。主要研究结论包括以下三个方面:

一、企业自身经验对企业跨国并购行为的影响

正如以往研究所展示的,当一个企业在某项活动领域积累了丰富经验时,不论结果好坏,企业重复这项战略行为的可能性都会增加(Shaver 等,1997)。本书将企业自身积累的会对企业的跨国并购行为产生影响的经验,具体化为企业在国内并购的经验、跨国并购经验以及国际合资经验,并且分别分析三种经验对跨国并购决策和跨国并购绩效的影响。

(一) 国内并购经验对企业跨国并购行为的影响

本书的实证研究结果表明,国内并购经验对企业的跨国并购决策和跨国并购经验都无显著影响。这说明,企业在国内的并购行为对企业的国际化战略决策无推动作用,但企业在国内并购过程中积累了目标选择、目标评价、并购谈判、后期整合等并购活动必需的经验,以及国内并购行为所积累的经验,对企业在跨国

并购过程中如何寻找、选择、接管和整合目标企业会产生影响。但本书的实证结果并没有验证这一推论,原因可能在于,中国国内的制度环境和法律背景与国外差异较大。国外关于跨国并购行为有严格的管理规范,而且中国企业跨国并购多集中于欧美发达国家,与我国的文化差异较大。因此,企业在国内实施跨国并购行为所积累的经验对企业的跨国并购行为没有产生影响。

(二)跨国并购经验对企业跨国并购行为的影响

跨国并购经验是跨国并购行为本身所积累的经验,显著正向影响了跨国并购决策和跨国并购绩效。组织学习相关研究表明,当企业在某个战略行为上积累了经验,不管这个行为的结果是成功还是失败,这些经验都增加企业重复实施这项行为的可能性。不断重复的企业行为形成了企业的常规性行为,并对企业后期战略决策产生重要影响,使企业更容易做出实施这个战略行为的决策。本书验证了这个结论,即当企业前期操作的跨国并购行为越多的时候,积累的相关经验越丰富,越有可能进行下一次跨国并购。

前人关于跨国并购经验对并购绩效的理论研究并没有一致结论,跨国并购经验和并购绩效之间的关系呈现正相关(Fowler 和 Schmidt,1989)、无显著关系(Kroll 等,1997;Wright 等,2002)、负相关关系(Kusewitt,1985)、正 U 形关系(Haleblian 和 Finkelstein,1999)、倒 U 形关系(Hayward,2002)等。究其原因,有样本选择或研究方法的差异导致的结果不一,但也有可能是理论研究还不充分,没有深入地探讨经验对绩效的影响机制。本书在新兴发展中国家背景下,验证了跨国并购经验和跨国并购绩效之间的正相关关系。很多学者以发达国家的跨国并购案例为样本,得出了跨国并购经验和并购绩效呈现正 U 形关系。他们认为,当经验较少时,企业不能正确恰当的使用经验,从而导致绩效降低(Haleblian 和 Finkelstein,1999;Zollo 和 Reuer,2006;Nadolska 和 Barkema,2007)。本书得出与此结论不同的结果,原因在于中国企业的跨国并购历史仅仅有 30 多年的时间。严格来讲,中国企业大规模"走出去"开始于 2000 年以后,海外并购经验相对较少。同时,我国企业跨国并购还存在区域分布较为集中的特点,因此,企业前期实施的并购行为所积累的经验一般能恰当应用到后期跨国并购过程中,提升跨国并购绩效,实证结果也验证了这个结论。

(三)国际合资经验对企业跨国并购行为的影响

国际合资经验显著正向影响了跨国并购决策和跨国并购绩效,而且相对于国内并购经验和跨国并购经验,国际合资经验对跨国并购绩效的影响更为显著。企业前期经验对企业进入行为决策产生影响的原因分别为惯性和学习。理论假设认为,当国际合资经验较少时,基于学习的观点,企业有可能做出跨国并购的决策,而当国际合资经验较多时,基于惯性的观点,企业更有可能采取国际合资的进入模式。因此,国际合资经验和跨国并购决策呈倒U形关系,但该假设在实证检验时却没有得到验证。实证结果表明,国际合资经验显著正向影响了跨国并购决策。本书认为,由于中国企业实施国际化时间还较短,而且中国企业国际化的进入模式多为并购,实施合资较少,因此企业的国际合资行为还不足以形成惯性。所以,企业前期采取合资行为多是为了规避风险,当熟悉了外部环境和操作规则以后,会采取并购行为来实施企业的进入战略。

根据经验的溢出理论,组织其他行为对组织的某个行为是有影响的,影响结果是正向还是负向取决于两种行为的相似程度(Zollo 和 Reuer,2006)。跨国并购和国际合资都属于企业对外直接投资的主要模式,推动了企业产品和市场的多元化、国际化,在操作模式上有很大的相似性。国际合资经验能够提升跨国并购过程中的组织能力,帮助企业发展跨国并购的知识和行为,提升企业跨国并购的绩效,本书的实证结果验证了这个结论。

二、外部学习经验对企业跨国并购行为的影响

企业跨国并购过程中,面临外部高风险和高不确定性的情况下,为了降低成本和风险,更容易模仿其他企业的战略行为(Yang 和 Hyland,2012)。组织间模仿是影响企业国际化战略的重要因素,因此,本书在探讨企业自身的经验基础上,探讨了企业从行业和同区域的企业实施的跨国并购中模仿的经验对跨国并购行为的影响。

探讨外部模仿经验对跨国并购决策影响时,本书将外部模仿经验进一步具体化为,同行业企业在同区域成功的跨国并购经验和失败的跨国并购经验。实证结果表明,企业在做出跨国并购决策时,同行业企业在该地区是否进行了跨国并购以及并购的结果对其有显著影响,即外部模仿经验对企业的决策行为有显著影响。而且同行业企业成功的经验提升了企业做出跨国并购决策的可能性;反之,失败的经验阻碍了企业实施跨国并购决策战略。研究结论表明,当企业要在某个地区进行跨国并购时,可以对同行业其他企业前期的并购行为进行分析,从而影响自己的战略决策。

外部模仿经验对后续跨国并购绩效的影响并不显著。从拟合结果可以看出,基于轨迹模仿的同行业经验对跨国并购绩效并无显著影响,基于结果模仿的同区域成功的跨国并购经验对跨国并购绩效有显著影响。说明企业在跨国并购过程

中，企业可以模仿前期成功企业的经验来实施跨国并购行为。

三、文化距离与中国企业的跨国并购行为

文化距离显著负向影响了跨国并购决策和跨国并购绩效。从本书的实证结果可以看出，文化距离越大，企业越有可能放弃在该国的跨国并购决策。文化距离会阻碍并购前的信息沟通、并购过程中的谈判以及并购后的整合，尤其对并购后双方企业的融合有显著影响。因此，文化距离会对跨国并购决策和绩效都产生负向影响。

文化距离对部分组织经验和跨国并购决策之间关系产生调节作用。在企业自身经验方面，文化距离仅显著负向调节了跨国并购经验和跨国并购决策的影响，而对国内并购经验和国际合资经验无显著调节作用。外部学习经验角度，文化距离显著负向调节了同行业失败的经验对跨国并购决策的影响，但对同行业成功的经验无显著调节作用。

文化距离对组织经验和跨国并购绩效之间的关系也有显著影响。文化距离显著负向调节了国内并购经验、国际合资经验和跨国并购绩效之间的关系。随着文化距离的增大，国内并购经验的适应性越弱，国内并购经验对跨国并购绩效的影响越小。文化距离对国际合资经验和跨国并购绩效之间的关系也是负向调节作用。但文化距离对跨国并购经验、企业外部经验对跨国并购绩效的影响并无显著调节作用。

第二节 研究的主要贡献

本书的研究结论对组织经验和跨国并购相关领域的研究做出了一些有益的扩充，主要表现在以下几点：

首先，本书在借鉴已有研究成果的基础上，从知识来源的角度将组织经验分为企业自身经验和外部学习经验，深入探讨了知识来源不同的组织经验对企业连续并购决策和跨国并购绩效的影响。前人关于中国企业跨国并购过程中组织学习的效果研究，多集中于对跨国并购是否完成，以跨国并购是否完成来代表跨国并购成败（Zhang等，2010；张建红等，2010；阎大颖，2011；贾镜渝等，2015；贾镜渝和李文，2015；范黎波等，2016）。本书探讨了组织经验在跨国并购过程

第十章 研究结论、局限和展望

的学习效果研究,从跨国并购前的决策阶段到跨国并购后的绩效,整体上分析了企业在跨国并购过程中组织学习的效应,丰富了跨国并购领域的组织学习理论研究。

其次,本书在新兴国家背景下探讨其他国际化经验和跨国并购绩效之间的关系,得出中国情境下的组织学习过程中经验溢出的效应结果,丰富了组织学习理论和经验学习理论。Nadolska 和 Barkema(2007)以美国企业为样本检验了国际合资经验和跨国并购决策的关系,得出国际合资经验和跨国并购数量正相关,但却与跨国并购成功情况呈现正 U 形关系。本书以中国企业跨国并购案例为样本,通过实证检验得出不同结论认为,中国企业的国际合资经验正向影响了跨国并购决策,但同时也提升了中国企业的跨国并购绩效。结合中国企业对外直接投资的发展历史,符合经验溢出理论的初级阶段,当经验较少时,溢出效应为正的理论假设。本书的实证结果为经验溢出理论提供了经验证据,同时也丰富和完善了中国企业跨国并购的相关研究。

再次,结合中国企业跨国并购的区域分布和行业分布都非常集中的特点,本书探讨了中国企业在"走出去"过程中是否存在模仿学习的行为。有关中国企业外部模仿学习的研究还较少,仅有学者范黎波等(2016)探讨了成功和失败的外部学习经验对跨国并购完成的影响。本书不仅探讨了同行业成功和失败的外部学习经验对跨国并购决策的影响,而且还分析了同行业和同区域的经验对跨国并购绩效的影响,全方位分析了外部模仿经验在跨国并购不同阶段的学习效果,是对现有研究的丰富和完善。

最后,本书探讨了宏观背景在企业国际化过程中知识转移的影响。国家间的宏观背景对跨国并购过程中的知识转移有重要影响(Haleblian 和 Finkelstein,1999),但对此进行深入的研究是近年来才开始的。关于文化距离的研究,仅有一篇以文化相似性来研究并购经验对跨国并购绩效的影响,样本仅限于美国的服务业,对经验的度量也比较笼统(Dynah 和 Deepak,2015)。本书从知识来源的角度将组织经验分为企业自身经验和外部学习经验,并对企业自身经验和外部学习经验进行具体化分类。通过实证检验得出,文化距离对企业跨国并购决策和跨国并购绩效都有负向影响,而且对跨国并购经验、同行业失败的经验和跨国并购决策之间的关系有显著负向调节作用。同时,文化距离还显著负向调节了国内并购经验、国际合资经验和跨国并购绩效之间的关系。本书丰富了跨国并购过程中经验转移的背景研究,为以后的研究提供了新的视角。

第三节 对企业管理实践的启示

本书对企业管理实践方面有一定的启示,主要表现在以下几点:

第一,跨国并购是企业发展过程中的一个重要战略机遇,经验学习有助于企业掌握相应的管理知识和操作技能,从而为企业创造价值。我国企业"走出去"时间较短,跨国并购失败率较高,经验学习是提高企业并购能力、降低失败率的重要方式。企业要重视经验学习的作用,建立"故意学习"机制,在实施跨国并购、国际合资行为时,有意识地总结在目标选择、尽职调查、商务谈判及整合过程中企业操作的有利行为和不利行为,并分析背后原因。在不同国家进行跨国并购时,要分析国家间差异,判断在不同国家之间如何恰当使用前期经验,这个过程本身又是一个经验积累和经验学习的过程。

第二,从其他企业中模仿学习会对企业的跨国并购行为产生影响,从而获得收益。从本书实证结果可以看出,相对同行业企业失败的跨国并购行为,企业模仿同行业企业成功的经验可能效果更好。从企业行为学习的理论视角来看,成功的经验意味着其他企业在进入该国家时的战略和行为是可取的,但企业需对自身与所模仿行业之间的异同点进行分析,再做出战略决策。但企业若想从失败的经验中学习会面临较大的阻碍,企业必须认真分析前期企业失败的可能原因,寻找到自己企业若重复前面企业的行为能够成功的理由,克服前面企业进入时的负面效应,避免出现同样的错误,才有可能取得收益。但同时,前期企业有可能承担了企业在该领域投资的试错成本,后续企业可以避免再犯类似错误。

第三,企业在跨国投资时,要注意考虑宏观环境对对外投资行为的影响。本书以文化距离为主,同时考虑了制度距离和地理距离来探讨跨国并购过程中,母国和东道国之间的宏观经济环境的差异对企业跨国并购行为的影响。研究结果验证了无论是文化距离还是制度距离,都对企业的跨国并购决策和跨国并购绩效产生了影响。因此,一方面,从国家角度而言,有关部门要构建不同国家的风险评价指数,并定期动态更新,时刻关注宏观环境的变化,同时,构建信息平台,为企业提供相关国家的政治、经济、法律、投资等相关信息;另一方面,从企业角度而言,企业在进行跨国并购时,要意识到国家之间文化差异的影响,在目标选择、尽职调查、后期整合过程中不要忽略文化的作用。同时,企业可以聘请专门的中介结构,这也是降低文化距离影响的重要方式。

第四节 研究局限与展望

本书基于中国企业跨国并购呈现的行业和区域分布集中、成功率较低等特点,从企业自身经验和外部学习经验两个角度探索了组织经验对企业跨国并购决策和跨国并购绩效的影响,得到了一些有益的结论。但仍存在一些不足,需要在以后的研究中加以完善。

第一,本书选择中国企业的跨国并购案例为样本,从知识来源的角度探索组织经验对跨国并购行为的影响。但从结论可以看出,中国企业的跨国并购实施的时间较短,很多企业的跨国并购经验还很少。因此得出的结论可能并不一定能够适用于所有国家,但是否符合所有新兴国家跨国并购过程中组织学习的特点,可以通过后续的研究进一步验证。同时,可以与发达国家进行对比分析,找出中国企业在经验学习中与发达国家的差异,从而进一步影响中国企业跨国并购过程中的组织学习。

第二,本书对组织经验的度量采取了通用的前期企业相关行为的次数来代替。简单的以次数来代替经验,是对企业前期国际化行为积累经验的简化,但具体的企业在国际化过程中能从什么行为中学习,学到什么经验,这些经验如何转化到企业后续的行为中,这是一个深入探索的过程,后续可以采用质性研究或案例研究来进行补充,更为深入地挖掘企业跨国并购过程中组织学习的影响。

第三,本书对组织经验和并购绩效之间关系进行研究时,仅考虑了上市公司的结果。但 2010 年以后,大量的非上市公司也进行了大量的国际投资行为,那么非上市公司在对外直接投资过程中积累的经验对其后续的跨国并购行为会产生什么影响,这个影响是否有利于非上市公司的国际扩张,与上市公司的结果有什么区别,都可以进一步研究。

参考文献

[1] 陈岱松. 资本市场的永恒主题并购重组的回顾与展望 [J]. 生态经济, 2009 (7): 82-84.

[2] 陈国权, 马萌. 组织学习的过程模型研究 [J]. 管理科学学报, 2000 (3): 15-23.

[3] 陈国权. 学习型组织的过程模型、本质特征和设计原则 [J]. 中国管理科学, 2002 (4): 86-94.

[4] 陈立敏, 王小瑕. 国际化战略是否有助于企业提高绩效 [J]. 中国工业经济, 2014 (11).

[5] 陈晓芳, 魏景赋. 并购经验对我国上市公司跨国并购行为的影响研究 [J]. 农村经济与科技, 2015 (1): 110-112.

[6] 陈友滨. 银行跨国并购战略与整合管理研究 [J]. 金融论坛, 2007 (12): 16-23.

[7] 丁喆. 中国汽车企业跨国并购中的文化整合研究 [D]. 海南大学, 2017.

[8] 段明明, 杨军敏. 文化差异对跨国并购绩效的影响机制研究: 一个整合的理论框架 [J]. 科学学与科学技术管理, 2011 (10): 125-133.

[9] 范黎波, 马聪聪, 周英超. 中国企业跨国并购学习效应的实证研究——经验学习和替代学习的视角 [J]. 财贸经济, 2016, 37 (10): 102-116.

[10] 范黎波, 张岚. 母国和东道国经验的博弈对跨国并购决策的影响——影响机理与实证检验 [J]. 国际商务: 对外经济贸易大学学报, 2015 (2): 115-123.

[11] 郭冰, 吕巍, 周颖. 公司治理、经验学习与企业连续并购——基于我国上市公司并购决策的经验证据 [J]. 财经研究, 2011 (10): 124-134.

[12] 郭卫锋, 周建, 宫慧. 企业并购经验、董事会特征对并购战略决策影

响研究 [J]. 现代管理科学, 2015 (7): 94 – 96.

[13] 郭妍. 我国银行海外并购绩效及其影响因素的实证分析 [J]. 财贸经济, 2010 (11).

[14] 贾镜渝, 李文, 郭斌. 经验是如何影响中国企业跨国并购成败的——基于地理距离与政府角色的视角 [J]. 国际贸易问题, 2015 (10): 87 – 97.

[15] 贾镜渝, 李文. 经验与中国企业跨国并购成败——基于非相关经验与政府因素的调节作用 [J]. 世界经济研究, 2015 (8): 48 – 58.

[16] 蒋建华, 刘程军, 蒋天颖. 组织学习与组织绩效关系的 Meta 分析——基于测量因素、情景因素的调节作用 [J]. 科研管理, 2014 (8): 117 – 125.

[17] 李可悦. 汽车行业跨国并购财务风险研究 [D]. 吉林财经大学, 2017.

[18] 李燚, 任胜钢, 魏峰. 组织学习方式对管理创新成效的影响 [J]. 中国软科学, 2006 (7): 121 – 130.

[19] 刘锴, 纳超洪. 大股东控制、公司治理与跨国并购决策 [J]. 金融经济学研究, 2015 (5): 43 – 54.

[20] 刘寿先. 企业社会资本与技术创新关系研究: 组织学习的观点 [D]. 山东大学, 2008.

[21] 吕巍, 周颖, 郭冰. 公司治理、经验学习与企业连续并购——基于我国上市公司并购决策的经验证据 [J]. 财经研究, 2011 (10): 124 – 134.

[22] 马娜, 李东红, 吴维库. 合作经验与联盟绩效间关系研究回顾 [C]. 中国软科学学术年会, 2015.

[23] 彭俞超, 顾雷雷. 经济学中的 META 回归分析 [J]. 经济学动态, 2014 (2).

[24] 汝毅, 吕萍. 绿地投资和跨国并购的绩效动态比较——基于制度理论和组织学习双重视角 [J]. 经济管理, 2014 (12): 146 – 156.

[25] 芮明杰, 胡金星, 张良森. 企业战略转型中组织学习的效用分析 [J]. 研究与发展管理, 2005, 17 (2): 99 – 104.

[26] 施瑞龙. 组织学习、战略执行力与企业绩效关系研究 [D]. 浙江大学, 2010.

[27] 王疆, 陈俊甫. 国际投资决策中的组织间模仿行为研究述评 [J]. 外国经济与管理, 2013 (3): 37 – 46.

[28] 王铁男, 陈涛, 贾榕霞. 组织学习、战略柔性对企业绩效影响的实证研究 [J]. 管理科学学报, 2010 (7): 42 – 59.

[29] 王宛秋,刘璐琳. 何种经验更易吸收:关于并购经验学习效果的实证研究 [J]. 管理评论, 2015, 27 (10): 150 - 160.

[30] 王永伟,马洁,吴湘繁,刘胜春. 变革型领导行为、组织学习倾向与组织惯例更新的关系研究 [J]. 管理世界, 2012 (09): 110 - 119.

[31] 吴翠花,万威武. 基于组织学习的联盟网络形成机理研究 [J]. 科学学研究, 2005, 23 (5): 672 - 676.

[32] 吴先明. 我国企业跨国并购中的逆向知识转移 [J]. 经济管理, 2013 (1).

[33] 武锐,黄方亮. 跨境进入的模式选择:跨国并购、绿地投资还是合资公司 [J]. 江苏社会科学, 2010 (6): 67 - 71.

[34] 肖金泉. 机遇与挑战——中国公司海外并购的风险与防范 [M]. 北京:法律出版社, 2012.

[35] 徐明霞,蓝海林,黄嫚丽. 中国企业的跨国并购战略、国内市场的多元化行为与并购绩效的关系研究 [M]. 北京:经济科学出版社, 2014.

[36] 阎大颖. 国际经验、文化距离与中国企业海外并购的经营绩效 [J]. 经济评论, 2009 (1): 83 - 92.

[37] 阎大颖. 制度距离、国际经验与中国企业海外并购的成败问题研究 [J]. 南开经济研究, 2011 (5): 75 - 97.

[38] 于海波,郑晓明,方俐洛,凌文辁. 我国企业组织学习的内部机制、类型和特点 [J]. 科学学与科学技术管理, 2007 (11): 144 - 152.

[39] 约瑟夫·克拉林格. 兼并收购:交易管理 [M]. 北京:中国人民大学出版社, 2000.

[40] 张建红,卫新江,海柯·艾伯斯. 决定中国企业海外收购成败的因素分析 [J]. 管理世界, 2010 (3): 97 - 107.

[41] 张金鑫,张秋生,李霞. 并购绩效的经验研究方法 [J]. 北京交通大学学报, 2007 (12).

[42] 张新华,范宪. 识别、构建和保持企业核心竞争力 [J]. 复旦学报(社会科学版), 2002 (5): 106 - 111.

[43] 周焯华,廖贤超. 基于国家风险的跨国并购决策分析 [J]. 软科学, 2008 (11): 86 - 90.

[44] Aktas N., Bodt E. D., Roll R. Serial acquirer bidding: An empirical test of the learning hypothesis [J]. Journal of Corporate Finance, 2011, 17 (1): 18 - 32.

[45] Alessandri T., Cerrato D., Depperu D. Organizational slack, experience, and acquisition behavior across varying economic environments [J]. Management Decision, 2014, 52 (52): 967-982.

[46] Amburgey T. L., Kelly D., Barnett W. P. Resetting the clock: The dynamics of organizational change and failure [J]. Academy of Management Annual Meeting Proceedings, 1993, 38 (1): 51-73.

[47] Amburgey T. L., Miner A. S. Strategic momentum: The effects of repetitive, positional and contextual momentum on merger activity [J]. Strategic Management Journal, 1992, 13 (5): 335-348.

[48] Amihud Y., Lev B. Risk reduction as a managerial motive for conglomerate mergers [J]. Bell Journal of Economics, 1981, 12 (2): 605-617.

[49] Anand B. N., Khanna T. Do firms learn to create value? The case of alliances [J]. Strategic Management Journal, 2000, 21 (3): 295-315.

[50] Argote L., Mironspektor E. Organizational learning: From experience to knowledge [J]. Organization Science, 2011, 22 (5): 1123-1137.

[51] Argote L. Knowledge transfer in organizations [J]. Organizational Learning, 2013: 147-188.

[52] Argyris C., Schn D. A. Organizational learning: A theory of action perspective [M]. General Inequalities. Birkhuser Basel, 1978: 419-427.

[53] Argyris J. H., Dunne P. C., Scharpf D. W. On large displacement - small strain analysis of structures with rotational degrees of freedom [J]. Computer Methods in Applied Mechanics & Engineering, 1978, 15 (1): 99-135.

[54] Baker W. E., Sinkula J. M. Learning orientation, market orientation, and innovation: Integrating and extending models of organizational performance [J]. Journal of Market-focused Management, 1999, 4 (4): 295-308.

[55] Barkema H. G., Pennings J. M. Foreign entry, cultural barriers, and learning [J]. Strategic Management Journal, 1996, 17 (2): 151-166.

[56] Barkema H. G., Bell J. H. J. Working abroad, working with others: How firms learn to operate international joint ventures [J]. Academy of Management Journal, 1997, 40 (2): 426-442.

[57] Barkema H. G., Vermeulen F. International expansion through start-up or acquisition: A learning perspective [J]. Academy of Management Journal, 1998, 41

(1): 7-26.

[58] Barkema H. G. Learning to internationalise: The pace and success of foreign acquisitions [J]. Journal of International Business Studies, 2007, 38 (7): 1170-1186.

[59] Barkema H. G., Drogendijk R. Internationalising in small, incremental or larger steps? [J]. Journal of International Business Studies, 2007, 38 (7): 1132-1148.

[60] Barkema H. G., Schijven M. How do firms learn to make acquisitions? A review of past research and an agenda for the future [J]. Journal of Management: Official Journal of the Southern Management Association, 2008, 34 (3): 594-634.

[61] Barney J. B., Ketchen Jr D. J., Wright M. The future of resource-based theory: Revitalization or decline? [J]. Journal of Management, 2011, 37 (5): 1299-1315.

[62] Barreto I., Baden-Fuller C. To conform or to perform? Mimetic behaviour, legitimacy-based groups and performance consequences [J]. Journal of Management Studies, 2006, 43 (7): 1559-1581.

[63] Basuil D. A., Datta D. K. Effects of industry- and region-specific acquisition experience on value creation in cross-border acquisitions: The moderating role of cultural similarity [J]. Journal of Management Studies, 2015, 52 (6): 766-795.

[64] Bauer F., Matzler K. Antecedents of M&A success: The role of strategic complementarity, cultural fit, and degree and speed of integration [J]. Strategic Management Journal, 2014, 35 (2): 269-291.

[65] Baum J. A. C., Calabrese T., Silverman B. S. Don't go it alone: Alliance network composition and startups' performance in Canadian biotechnology [J]. Strategic Management Journal, 2000, 21 (3): 267-294.

[66] Bhagat R. S., Kedia B. L., Triandis H. C. Cultural variations in the cross-border transfer of organizational knowledge: An integrative framework [J]. Academy of Management Review, 2002, 27 (2): 204-221.

[67] Bingham C. B., Eisenhardt K. M. Rational heuristics: The 'simple rules' that strategists learn from process experience [J]. Strategic Management Journal, 2011, 32 (13): 1437-1464.

[68] Bohn R. E. Noise and learning in semiconductor manufacturing [J]. Man-

agement Science, 1995, 41 (1): 31-42.

[69] Bolton M. K. Organizational miming in the radio broadcasting industry: Reducing the risks of innovation [M]. San Jose State University, 1992.

[70] Bonabeau E. The perils of the imitation age. [J]. Harvard Business Review, 2004, 82 (6): 45-54, 135.

[71] Boone A. L., Mulherin J. H. How are firms sold? [J]. The Journal of Finance, 2007, 62 (2): 847-875.

[72] Bower G. H., Hilgard E. R. Theories of Learning [C]. Multimedia Software Engineering, International Symposium on IEEE Computer Society, 1981: 239.

[73] Bresman H., Birkinshaw J., Nobel R. Knowledge transfer in international acquisitions [J]. Journal of International Business Studies, 1999, 30 (3): 439-462.

[74] Brouthers K. D., van Hastenburg P., van Den Ven J. If most mergers fail why are they so popular? [J]. Long Range Planning, 1998, 31 (3): 347-353.

[75] Brouthers L. E., O'Donnell E., Hadjimarcou J. Generic product strategies for emerging market exports into triad nation markets: A mimetic isomorphism approach [J]. Journal of Management Studies, 2005, 42 (1): 225-245.

[76] Brush T. H. Predicted change in operational synergy and post-acquisition performance of acquired businesses [J]. Strategic Management Journal, 1996: 1-24.

[77] Bruton G. D., Oviatt B. M., White M. A. Performance of acquisitions of distressed firms [J]. Academy of Management Journal, 1994, 37 (4): 972-989.

[78] Calantone R. J., Cavusgil S. T., Zhao Y. Learning orientation, firm innovation capability, and firm performance [J]. Industrial Marketing Management, 2002, 31 (6): 515-524.

[79] Capron L. The long-term performance of horizontal acquisitions [J]. Strategic Management Journal, 1999: 987-1018.

[80] Capron L., Pistre N. When do acquirers earn abnormal returns? [J]. Strategic Management Journal, 2002, 23 (9): 781-794.

[81] Casillas J. C., Moreno-Menéndez A. M. Speed of the internationalization process: The role of diversity and depth in experiential learning [J]. Journal of International Business Studies, 2014, 45 (1): 85-101.

[82] Chakrabarti R., Gupta-Mukherjee S., Jayaraman N. Mars-Venus mar-

riages: Culture and cross - border M&A [J]. Journal of International Business Studies, 2009, 40 (2): 216 - 236.

[83] Chan C. M., Makino S., Isobe T. Interdependent behavior in foreign direct investment: The multi - level effects of prior entry and prior exit on foreign market entry [J]. Journal of International Business Studies, 2006, 37 (5): 642 - 665.

[84] Chang S. J., Singh H. The impact of modes of entry and resource fit on modes of exit by multibusiness firms [J]. Strategic Management Journal, 1999: 1019 - 1035.

[85] Chang S. J. International expansion strategy of Japanese firms: Capability building through sequential entry [J]. Academy of Management Journal, 1995, 38 (2): 383 - 407.

[86] Chang, S. and M. Tsai. The effect of prior alliance experience on acquisition performance [J]. Applied Economics, 2013, 45 (6): 765 - 773.

[87] Chang S. J., Park S. Types of firms generating network externalities and MNCs' colocation decisions [J]. Strategic Management Journal, 2005 (26): 595 - 615.

[88] Chatterjee S., Lubatkin M. Corporate mergers, stockholder diversification, and changes in systematic risk [J]. Strategic Management Journal, 1990, 11 (4): 255 - 268.

[89] Chatterjee S., Lubatkin M. H., Schweiger D. M., et al. Cultural differences and shareholder value in related mergers: Linking equity and human capital [J]. Strategic Management Journal, 1992, 13 (5): 319 - 334.

[90] Chuang Y. T, Baum J. A. C. It's all in the name: Failure - induced learning by multiunit chains [J]. Administrative Science Quarterly, 2003, 48 (1): 33 - 59.

[91] Cohen J. Applied multiple regression/correlation analysis for the behavioral sciences [R]. Mahwah: Lawrence Erlbaum Associates, 2003.

[92] Collins J. D., Hitt M. A. Leveraging tacit knowledge in alliances: The importance of using relational capabilities to build and leverage relational capital [J]. Journal of Engineering and Technology Management, 2006, 23 (3): 147 - 167.

[93] Collins J. D, Holcomb T. R., Certo S. T., et al. Learning by doing: Cross - border mergers and acquisitions [J]. Journal of Business Research, 2009, 62 (12): 1329 - 1334.

[94] Cox D. R, Oakes D. Analysis of Survival Data [M]. London: Chapman and Hill, 1984.

[95] Cox, D. R. Regression models and life tables (with discussion) [J]. Journal of the Royal Statistical Society, 1972 (34): 187-220.

[96] Crossan M. M., Berdrow I. Organizational learning and strategic renewal [J]. Strategic Management Journal, 2003, 24 (11): 1087-1105.

[97] Crossan M. M., Lane H. W., White R. E. An organizational learning framework: From intuition to institution [J]. Academy of Management Review, 1999, 24 (3): 522-537.

[98] Cyert R. M., March J. G. A behavioral theory of the firm [J]. Social Science Electronic Publishing, 1963, 17 (S2): 93-107.

[99] Danielsen B. R., van Ness B. F., Warr R. S. Reassessing the impact of option introductions on market quality: A less restrictive test for event-date effects [J]. Journal of Financial and Quantitative Analysis, 2007, 42 (4): 1041-1062.

[100] Delios A., Beamish P. W. Survival and profitability: The roles of experience and intangible assets in foreign subsidiary performance [J]. Academy of Management Journal, 2001, 44 (5): 1028-1038.

[101] DeLong G., DeYoung R. Learning by observing: Information spillovers in the execution and valuation of commercial bank M&As [J]. The Journal of Finance, 2007, 62 (1): 181-216.

[102] Denrell J., March J. G. Adaptation as information restriction: The hot stove effect [J]. Organization Science, 2001, 12 (5): 523-538.

[103] Dikova D., Sahib P. R., van Witteloostuijn A. Cross-border acquisition abandonment and completion: The effect of institutional differences and organizational learning in the international business service industry, 1981-2001 [J]. Journal of International Business Studies, 2010, 41 (2): 223-245.

[104] Dikova D., Sahib P. R. Is cultural distance a bane or a boon for cross-border acquisition performance? [J]. Journal of World Business, 2013, 48 (1): 77-86.

[105] DiMaggio P., Powell W. The iron cage revisited: institutional isomorphism and collective rationality in organizational fields. American Sociological Review. 1983 (48): 147-160.

[106] Dixon N. M. The organizational learning cycle: How we can learn collectively [M]. Gower Publishing, Ltd., 1999.

[107] Du M. & Boateng, A. state ownership, institutional effects and value creation in cross-border mergers & acquisitions by Chinese firms [J]. International Business Review, 2015, 24 (3): 430-442.

[108] Duncan R., Weiss, A. Organisational learning: Implications for organisational design [J]. Research in Organizational Behavior, 1979, 1 (4): 345-350.

[109] Dutton J. M, Freedman R D. External environment and internal strategies: calculating, experimenting, and imitating in organizations [J]. Advances in Strategic Management, 1985, 3 (5): 39-67.

[110] Dutton J. M., Thomas A. Treating progress functions as a managerial opportunity [J]. Academy of Management Review, 1984 (9): 235-247.

[111] Dyer J. H., Singh H. The relational view: Cooperative strategy and sources of interorganizational competitive advantage [J]. Academy of Management Review, 1998, 23 (4): 660-679.

[112] Ellis K. M., Ranft A. L. Transfer effects in large acquisitions: How size-specific experience matters [J]. Academy of Management Journal, 2011, 54 (54): 1261-1276.

[113] Fang Y., Jin D., Sun X., Wang H. New evidence on alliance experience and acquisition performance: Short-run pain, long-run gain? [J]. Studies in Economics & Finance, 2015, 32 (1): 53-73.

[114] Fernhaber S. A., Li D. The impact of interorganizational imitation on new venture international entry and performance [J]. Entrepreneurship Theory and Practice, 2010, 34 (1): 1-30.

[115] Finkelstein S., Haleblian J. Understanding acquisition performance: The role of transfer effects [J]. Organization Science, 2002, 13 (1): 36-47.

[116] Fiol C. M., Lyles M. A. Organizational learning [J]. Academy of Management Review, 1985, 10 (4): 803-813.

[117] Forsgren M. The concept of learning in the Uppsala internationalization process model: A critical review [J]. Knowledge, Networks and Power: The Uppsala School of International Business, 2015: 88.

[118] Fowler K. L, Schmidt D. R. Determinants of tender offer post-acquisition

financial performance [J]. Strategic Management Journal, 1989, 10 (4): 339 - 350.

[119] Gherardi S. From organizational learning to practice - based knowing [J]. Human Relations, 2001, 54 (1): 131 - 139.

[120] Graham S., Wedman J. F., Garvin - Kester B. Managercoaching skills: Development and application [J]. Performance Improvement Quarterly, 1993, 6 (6): 2 - 13.

[121] Greve H. R. A behavioral theory of R&D expenditures and innovations: Evidence from shipbuilding [J]. Academy of management journal, 2003, 46 (6): 685 - 702.

[122] Gubbi S. R., Elango B. Resource deepening vs. resource extension: Impact on asset - seeking acquisition performance [J]. Management International Review, 2016, 56 (3): 353 - 384.

[123] Guillén M. F. Experience, imitation, and the sequence of foreign entry: Wholly owned and joint - venture manufacturing by South Korean firms and business groups in China, 1987 - 1995 [J]. Journal of International Business Studies, 2003, 34 (2): 185 - 198.

[124] Guillén M. F. Structural inertia, imitation, and foreign expansion: South Korean firms and business groups in China, 1987 - 95 [J]. Academy of Management Journal, 2002, 45 (3): 509 - 525.

[125] Gulati R. Social structure and alliance formation patterns: A longitudinal analysis [J]. Administrative Science Quarterly, 1995 (40): 619 - 652.

[126] Gulati R., Lavie D., Singh H. The nature of partnering experience and the gains from alliances [J]. Strategic Management Journal, 2009, 30 (11): 1213 - 1233.

[127] Gupta S. Channel Structure with Knowledge Spillovers [J]. Marketing Science, 2008, 27 (2): 247 - 261.

[128] Haleblian J., Finkelstein S. The influence of organizational acquisition experience on acquisition performance: A behavioral learning perspective [J]. Administrative Science Quarterly, 1999, 44 (1): 29 - 56.

[129] Haleblian J., Kim J. Y., Rajagopalan N. The influence of acquisition experience and performance on acquisition behavior: Evidence from the U. S. commercial banking industry [J]. Academy of Management Journal, 2006, 49 (2): 357 - 370.

[130] Hamel G., Prahalad C. K. Strategy as stretch and leverage [J]. Harvard

Business Review, 1993, 71 (2): 75 - 84.

[131] Hannan M. T., Freeman J. Structural inertia and organizational change [J]. American Sociological Review, 1984, 49 (2): 149 - 164.

[132] Haspeslagh P. C., Jemison D. B. Managing Acquisitions: Creating Value Through Corporate Renewal [M]. London: Free Press, 1991.

[133] Haunschild P. R., Beckman C. M. When do interlocks matter? Alternate sources of information and interlock influence [J]. Administrative Science Quarterly, 1998, 43 (4): 815 - 844.

[134] Haunschild P. R., Miner A. S. Modes of interorganizational imitation: The effects of outcome salience and uncertainty [J]. Administrative Science Quarterly, 1997, 42 (3): 472 - 500.

[135] Haunschild P. R. How much is that company worth? Interorganizational relationships, uncertainty, and acquisition premiums [J]. Administrative Science Quarterly, 1994, 39 (3): 391 - 411.

[136] Haunschild P. R. Interorganizational imitation: The impact of interlocks on corporate acquisition activity [J]. Administrative Science Quarterly, 1993, 38 (4): 564 - 592.

[137] Hayek F. A. The use of knowledge in society [J]. The American Economic Review, 1945: 519 - 530.

[138] Hayward M. L. A. When do firms learn from their acquisition experience? Evidence from 1990 to 1995 [J]. Strategic Management Journal, 2002, 23 (1): 21 - 39.

[139] Hedberg L. I. Spectral synthesis in sobolev spaces, and uniqueness of solutions of the Dirichlet problem [J]. Acta Mathematica, 1981, 147 (1): 237 - 264.

[140] Henisz W. J., Delios A. Uncertainty, imitation, and plant location: Japanese multinational corporations, 1990 - 1996 [J]. Administrative Science Quarterly, 2001, 46 (3): 443 - 475.

[141] Hitt M. A., Ahlstrom D., Dacin M. T., et al. The institutional effects on strategic alliance partner selection in transition economies: China vs. Russia [J]. Organization Science, 2004, 15 (2): 173 - 185.

[142] Hitt M. A., Dacin M. T., Levitas E. Partner selection in emerging and developed market contexts: Resource - based and organizational learning perspectives [J]. Academy of Management Journal, 2000, 43 (3): 449 - 467.

[143] Hitt M. A., Harrison J. S., Ireland R. D., et al. Lifting the veil of success in mergers and acquisitions [C]. Annual Meeting of the Strategic Management Society, 1993.

[144] Hitt M. A., Harrison J. S., Ireland R. D. Mergers and Acquisitions: A Guide to Creating Value for Stakeholders [M]. Oxford: Oxford University Press, 2001: 78 – 83.

[145] Hitt M., Harrison J., Ireland R. D., et al. Attributes of successful and unsuccessful acquisitions of US firms [J]. British Journal of Management, 1998, 9 (2): 91 – 114.

[146] Hoang H. A, Rothaermel F. T. Leveraging internal and external experience: Exploration, exploitation, and R&D project performance [J]. Strategic Management Journal, 2010, 31 (7): 734 – 758.

[147] Hofstede G. J., & Minkov, M. Cultures, Organizations: Software of the Mind [M]. London: McGraw – Hill, 2010.

[148] Holl P., Kyriaziz D. The determinants of outcome in UK take – over bids [J]. International Journal of the Economics of Business, 1996, 3 (2): 165 – 184.

[149] Hoskisson R. E., Hitt M. A., Johnson R. A., et al. Construct validity of an objective (entropy) categorical measure of diversification strategy [J]. Strategic Management Journal, 1993, 14 (3): 215 – 235.

[150] Hoskisson R. E., Johnson R. A., Moesel D. D. Corporate divestiture intensity in restructuring firms: Effects of governance, strategy, and performance [J]. Academy of Management Journal, 1994, 37 (5): 1207 – 1251.

[151] Hotchkiss E. S, Qian J., Song W. Holdups, renegotiation, and deal protection in mergers [R]. Ssrn Electronic Journal, 2005, 705365.

[152] Huber G. P. Organizational learning: The contributing processes and the literatures [J]. Organization Science, 1991, 2 (1): 88 – 115.

[153] Hurley, Chater. Perspectives on Imitation: Mechanisms of Imitation and Imitation in Animals [M]. Cambridge: The MIT Press, 2005: 1 – 54.

[154] Husted K., Gammelgaard J., Michailova S. Knowledge – sharing behavior and post – acquisition integration failure [J]. Challenges and Issues in Knowledge Management, 2005: 209 – 226.

[155] Hutzschenreuter T, Kleindienst I, Schmitt M. How mindfulness and ac-

quisition experience affect acquisition performance [J]. Management Decision, 2014, 52 (6): 1116 – 1147.

[156] Hymer S. H. The international operation of national firms: A study of direct foreign investment. Foreign Affairs (2), 1976, 103 – 104.

[157] Ingram P., Baum J. A. C. Opportunity and constraint: Organizations' learning from the operating and competitive experience of industries [J]. Strategic Management Journal, 1997: 75 – 98.

[158] Ismail A., Abdallah A. A. Acquirer's return and the choice of acquisition targets: Does acquisition experience matter? [J]. Applied Economics, 2013, 45 (26): 3770 – 3777.

[159] Jemison D. B., Sitkin S. B. Corporate acquisitions: A process perspective [J]. Academy of Management Review, 1986, 11 (1): 145 – 163.

[160] Jiang G. F., Holburn G. L. F., Beamish P. W. The impact of vicarious experience on foreign location strategy [J]. Journal of International Management, 2014, 20 (3): 345 – 358.

[161] Johanson J., Vahlne J. E. The internationalization process of the firm: A model of knowledge development and increasing for [J]. Journal of International Business Studies, 1977, 8 (1): 23 – 32.

[162] Johnson T. C. Forecast dispersion and the cross section of expected returns [J]. The Journal of Finance, 2004, 59 (5): 1957 – 1978.

[163] Jung J. C., Beamish P. W., Goerzen A. Dynamics of experience, environment and MNE ownership strategy [J]. Management International Review, 2010, 50 (3): 267 – 296.

[164] Kaplan S. N., Weisbach M. S. The success of acquisitions: Evidence from divestitures [J]. The Journal of Finance, 1992, 47 (1): 107 – 138.

[165] Katila R., Ahuja G. Something old, something new: A longitudinal study of search behavior and new product introduction. [J]. Academy of Management Journal, 2002, 45 (6): 1183 – 1194.

[166] Kim P. H. When what you know can hurt you: A study of experiential effects on group discussion and performance [J]. Organizational Behavior & Human Decision Processes, 1997, 69 (69): 165 – 177.

[167] Kim J. Y., Kim J., Miner A. S. Can new firms learn from their own expe-

rience? The impact of success and recovery experience [J]. Organization Science, 2009, 20 (6): 958 – 978.

[168] Ji - Yub K., Finkelstein S. The effects of strategic and market complementarity on acquisition performance: Evidence from the U. S. commercial banking industry, 1989 – 2001 [J]. Strategic Management Journal, 2009, 30 (6): 617 – 646.

[169] King D. R., Dalton D. R., Daily C. M. Meta - analyses of post - acquisition performance: Indications of unidentified moderators [J]. Strategic Management Journal, 2004, 25 (2): 187 – 200.

[170] Kogut B., Singh H. The effect of national culture on the choice of entry mode [J]. Journal of International Business Studies, 1988, 19 (3): 411 – 432.

[171] Kogut B., Zander U. Knowledge of the firm, combinative capabilities, and the replication of technology [J]. Organization Science, 1992, 3 (3): 383 – 397.

[172] Kroll M., Wright P., Toombs L., et al. Form of control: A critical determinant of acquisition performance and CEO rewards [J]. Strategic Management Journal, 1997, 18 (2): 85 – 96.

[173] Kusewitt, J. B. An exploratory study of strategic acquisition factors relating to performance [J]. Strategic Management Journal, 1985 (6), 151 – 69.

[174] Laamanen T., Keil T. Performance of serial acquirers: Toward an acquisition program perspective [J]. Strategic Management Journal, 2008, 29 (6): 663 – 672.

[175] Lampel J., Shamsie J., Shapira Z. Experiencing the improbable: Rare events and organizational learning [J]. Organization Science, 2009, 20 (5): 835 – 845.

[176] Lant T. K., Mezias S. J. Managing discontinuous change: A simulation study of organizational learning and entrepreneurship [J]. Strategic Management Journal, 1990, 11 (1): 147 – 179.

[177] Lee T. J., Caves R. E. Uncertain outcomes of foreign investment: Determinants of the dispersion of profits after large acquisitions [J]. Journal of International Business Studies, 1998, 29 (3): 563 – 581.

[178] Lei D., Slocum J. W., Pitts R. A. Designing organizations for competitive advantage: The power of unlearning and learning [J]. Organizational Dynamics, 1999, 27 (3): 24 – 38.

[179] Leshchinskii D. Can firms learn to acquire? The impact of post – acquisition decisions and learning on long – term abnormal returns [J]. Ssrn Electronic Journal,

2004, 8 (2): 22-25.

[180] Levitt B., March J. G. Organizational learning [J]. Annual Review of Sociology, 1988, 14 (1): 319-338.

[181] Levinthal D. A., March J. G. The myopia of learning [J]. Strategic Management Journal, 1993, 14 (S2): 95-112.

[182] Li J., Li P., Wang B. Do cross-border acquisitions create value? Evidence from overseas acquisitions by Chinese firms [J]. International Business Review, 2016, 25 (2): 471-483.

[183] Li S. X., Usher J. M. Making the next move: How experiential and vicarious learning shape the locations of Chains' Acquisitions [J]. Administrative Science Quarterly, 2000, 45 (4): 766-801.

[184] Lieberman M. B., Montgomery D. B. First - mover advantages [J]. Strategic Management Journal, 1988, 9 (S1): 41-58.

[185] Lu J. W. Intra - and inter - organizational imitative behavior: Institutional influences on Japanese firms' entry mode choice [J]. Journal of International Business Studies, 2002, 33 (1): 19-37.

[186] Lubatkin M. H. A market analysis of diversification strategies and administrative experience on the performance of merging firms [J]. Journal of the American Veterinary Medical Association, 1982, 196 (3): 397-398.

[187] Lubatkin M. Mergers and the performance of the acquiring firm [J]. Academy of Management Review, 1983, 8 (2): 218-225.

[188] Luo Y., Peng M. W. Learning to compete in a transition economy: Experience, environment, and performance [J]. Journal of International Business Studies, 1999, 30 (2): 269-295.

[189] Luostarinen R. Internationalization of the Firm [M]. Helsinki: Helsinki School of Economics, 1980.

[190] Lyles M. A., Schwenk C. R. Top management, strategy and organizational knowledge structures [J]. Journal of Management Studies, 1992, 29 (2): 155-174.

[191] Macher J. T., Boerner C. Technological development at the boundaries of the firm: A knowledge-based examination in drug development [J]. Strategic Management Journal, 2012, 33 (9): 1016-1036.

[192] Mahajan V., Sharma S., Bettis R. A. The adoption of the M - Form or-

ganizational structure: A test of imitation hypothesis [J]. Management Science, 1988, 34 (10): 1188 – 1201.

[193] March J. G. Exploration and exploitation in organizational learning [J]. Organization Science, 1991, 2 (1): 71 – 87.

[194] March J. G. Footnotes to organizational change [J]. Administrative Science Quarterly, 1981, 26 (4): 563 – 577.

[195] Markides C. C., Ittner C. D. Shareholder benefits from corporate international diversification: Evidence from U. S. international acquisitions [J]. Journal of International Business Studies, 1994, 25 (2): 343 – 366.

[196] Markides C., Oyon D. International acquisitions: Do they create value for shareholders? [J]. European Management Journal, 1998, 16 (2): 125 – 135.

[197] Martin X., Swaminathan A., Mitchell W. Organizational evolution in the interorganizational environment: Incentives and constraints on international expansion strategy [J]. Administrative Science Quarterly, 1998, 43 (3): 566 – 601.

[198] Mcdonald M. L., Westphal J. D., Graebner M. E. What do they know? The effects of outside director acquisition experience on firm acquisition performance [J]. Strategic Management Journal, 2008, 29 (11): 1155 – 1177.

[199] Merlo A., Schotter A. Learning by not doing: An experimental investigation of observational learning [J]. Games & Economic Behavior, 2003, 42 (1): 116 – 136.

[200] Meschi P. X., Metais E. International acquisition performance and experience: A resource – based view. Evidence from French acquisitions in the United States (1988 – 2004) [J]. Journal of International Management, 2006, 12 (4): 430 – 448.

[201] Meyer J. W. Institutional and technical sources of organizational structure explaining the structure of educational organizations. [J]. Institutional Organization Theory, 1980, 13 (7): 38.

[202] Meyer K. E., Tran Y. T. T. Market penetration and acquisition strategies for emerging economies [J]. Long Range Planning, 2006, 39 (2): 177 – 197.

[203] Miller D., Friesen P. H. Momentum and revolution in organizational adaptation [J]. Academy of Management Journal, 1980, 23 (4): 591 – 614.

[204] Miner A. S., Kim J. K., Holzinger I. W., et al. Fruits of failure: Organizational failure and population – level learning [C]. Academy of Management An-

nual Meeting Proceedings, 1996 (1): 239 – 243.

[205] Morosini P., Shane S., Singh H. National cultural distance and cross – border acquisition performance [J]. Journal of International Business Studies, 1998, 29 (1): 137 – 158.

[206] Muehlfeld K., Sahib P. R., van Witteloostuijn A. Completion or abandonment of mergers and acquisitions: Evidence from the newspaper industry, 1981 – 2000 [J]. Journal of Media Economics, 2007, 20 (2): 107 – 137.

[207] Muehlfeld K., Sahib P. R., Witteloostuijn A. A contextual theory of organizational learning from failures and successes: A study of acquisition completion in the global newspaper industry, 1981 – 2008 [J]. Strategic Management Journal, 2012, 33 (8): 938 – 964.

[208] Mulholland P., Zdrahal Z., Domingue J., et al. A methodological approach to supporting organizational learning [J]. International Journal of Human – Computer Studies, 2001, 55 (3): 337 – 367.

[209] Nadolska A., Barkema H. G. Good learners: How top management teams affect the success and frequency of acquisitions [J]. Strategic Management Journal, 2014, 35 (10): 1483 – 1507.

[210] Nadolska A., Barkema H. G. Learning to internationalise: The pace and success of foreign acquisitions [J]. Journal of International Business Studies, 2007, 38 (7): 1170 – 1186.

[211] Nelson R. R., Winter S. G. Evolutionary theorizing in economics [J]. The Journal of Economic Perspectives, 2002, 16 (2): 23 – 46.

[212] Nelson R. R., Winter S. G. The Schumpeterian tradeoff revisited [J]. The American Economic Review, 1982, 72 (1): 114 – 132.

[213] Nelson R. R., Winter S. G. An Eevolutionary Theory of Economic Change [M]. Cambridge, MA: Harvard University Press, 1982.

[214] Nicolini D., Crossan M., et al. Organizational learning: Debates past, present and future [J]. Journal of Management Studies, 2000, 37 (6): 783 – 796.

[215] Nonaka I., Takeuchi H. The knowledge – creating company: How japanese companies create the dynamics of innovation [J]. Journal of International Business Studies, 1996, 29 (4): 51 – 61.

[216] Nonaka. A dynamic theory of organizational knowledge creation [J]. Or-

ganization Science, 1994, 5 (1): 14 –37.

[217] North D. C. Institutions, Institutional Change, and Economic Performance [M]. Cambridge University Press, 1990.

[218] Novick L. R. Analogical transfer, problem similarity, and expertise [J]. Journal of Experimental Psychology Learning Memory & Cognition, 1988, 14 (3): 510.

[219] Pangarkar N., Lie J. R. The impact of market cycle on the performance of Singapore acquirers [J]. Strategic Management Journal, 2004, 25 (12): 1209 –1216.

[220] Peng M. W., Wang D. Y. L., Jiang Y. An institution – based view of international business strategy: A focus on emerging economies [J]. Journal of International Business Studies, 2010, 39 (5): 920 –936.

[221] Peng Y. S., Fang C. P. Acquisition experience, board characteristics, and acquisition behavior [J]. Journal of Business Research, 2010, 63 (5): 502 –509.

[222] Pennings J. M., Barkema H., Douma S. Organizational learning and diversification [J]. Academy of Management Journal, 1994, 37 (3): 608 –640.

[223] Petersen B., Pedersen T., Lyles M. A. Closing knowledge gaps in foreign markets [J]. Journal of International Business Studies, 2008, 39 (7): 1097 –1113.

[224] Porrini P. Alliance experience and value creation in high – tech and low – tech acquisitions [J]. Journal of High Technology Management Research, 2004, 15 (2): 267 –292.

[225] Porrini P. Can a previous alliance between an acquirer and a target affect acquisition performance? [J]. Journal of Management: Official Journal of the Southern Management Association, 2004, 30 (4): 545 –562.

[226] Porter, Michael E. Competition in the Open Economy [M]. Harvard University Press, 1980.

[227] Preskill H. Evaluation's role in enhancing organizational learning: A model for practice [J]. Evaluation & Program Planning, 1994, 17 (3): 291 –297.

[228] Rabbiosi L., Elia S., Bertoni F. Acquisitions by EMNCs in developed markets [J]. Management International Review, 2012, 52 (2): 193 –212.

[229] Ravenscraft D. J., Scherer F. M. Divisional sell – off: A hazard function analysis [J]. Managerial and Decision Economics, 1991, 12 (6): 429 –438.

[230] Repenning N. P., Sterman J. D. Capability traps and self – confirming at-

tribution errors in the dynamics of process improvement [J]. Administrative Science Quarterly, 2002, 47 (4372 - 02): 265 - 295.

[231] Reuer J. J., Shenkar O., Ragozzino R. Mitigating risk in international mergers and acquisitions: The role of contingent payouts [J]. Journal of International Business Studies, 2004, 35 (1): 19 - 32.

[232] Roll R. The hubris hypothesis of corporate takeovers [J]. Journal of Business, 1986: 197 - 216.

[233] Schwab A., Miner A. S. Learning in hybrid - project systems: The effects of project performance on repeated collaboration [J]. Academy of Management Journal, 2008, 51 (6): 1117 - 1149.

[234] Scott W. R. Institutions and Organizations [M]. Thousand Oaks, CA: Sage, 1995.

[235] Senge, P. M. The leader's New Work: Building learning organizations [J]. Sloan Management Review, 1990, 32 (1): 7 - 23.

[236] ShaoChi Chang, MingTse Tsai. The effect of prior alliance experience on acquisition performance [J]. Applied Economics, 2013, 45 (6): 765 - 773.

[237] Shaver J. M., Mitchell W., Yeung B. The effect of own - firm and other - firm experience on foreign direct investment survival in the United States, 1987 - 1992 [J]. Strategic Management Journal, 1997, 18 (10): 811 - 824.

[238] Siguaw J. A., Diamantopoulos A. Measuring market orientation: Some evidence on Narver and Slater's three - component scale [J]. Journal of Strategic Marketing, 1995, 3 (2): 77 - 88.

[239] Singh H., Zollo M., Santomero A. M. The impact of knowledge codification, experience trajectories and integration strategies on the performance of corporate acquisitions [J]. Center for Financial Institutions Working Papers, 1998, 1 (5): 585.

[240] Singh H., Zollo M. Post - acquisition strategies, integration capability, and the economic performance of corporate acquisitions [M]. INSEAD, 1999.

[241] Sitkin S B. Learning through failure: The strategy of small losses [J]. Research in Organizational Behavior, 1992 (14): 231 - 266.

[242] Sleptsov A., Anand J., Vasudeva G. Relational configurations with information intermediaries: The effect of firm - investment bank ties on expected acquisition

performance [J]. Strategic Management Journal, 2013, 34 (8): 957 – 977.

[243] Suh Y. J. The effect of innovation capabilities and experience on cross – border acquisition performance [J]. Global Journal of Business Research, 2013 (7).

[244] Tallman S., Li J. Effects of international diversity and product diversification on the performance of multinational firms [J]. Academy of Management Journal, 1996 (39): 179 – 96.

[245] Thomas D. E., Eden L., Hitt M. A., et al. Experience of emerging market firms: The role of cognitive bias in developed market entry and survival [J]. Management International Review, 2007, 47 (6): 845 – 867.

[246] Thompson J. D., Zald M. N., Scott W. R. Organizations in Action: Social Science Bases of Administrative Theory [M]. Transaction Publishers, 1967.

[247] Trichterborn A., Knyphausen - Aufse D. Z., Schweizer L. How to improve acquisition performance: The role of a dedicated M&A function, M&A learning process, and M&A capability [J]. Strategic Management Journal, 2016, 37 (4): 763 – 773.

[248] Tversky A. Features of similarity [J]. Readings in Cognitive Science, 1977, 84 (4): 327 – 352.

[249] Uhlenbruck K., Hitt M. A., Semadeni M. Market value effects of acquisitions involving internet firms: A resource – based analysis [J]. Strategic Management Journal, 2006, 27 (10): 899 – 913.

[250] Uhlenbruck K. Developing acquired foreign subsidiaries: The experience of MNE S, in transition economies [J]. Journal of International Business Studies, 2004, 35 (2): 109 – 123.

[251] Vermeulen F., Barkema H. Learning through acquisitions [J]. Academy of Management Journal, 2001, 44 (3): 457 – 476.

[252] Vernon R. The product cycle hypothesis in a new international environment [J]. Oxford bulletin of economics and statistics, 1979, 41 (4): 255 – 267.

[253] Very P., Lubatkin M., Calori R., et al. Relative standing and the performance of recently acquired European firms [J]. Strategic management journal, 1997: 593 – 614.

[254] Very P., Schweiger D. M. The acquisition process as a learning process: Evidence from a study of critical problems and solutions in domestic and cross – border

deals [J]. Journal of World Business, 2001, 36 (1): 11 -31.

[255] Very P. Expatriation as a bridge over troubled water: A knowledge – based perspective applied to cross – border acquisitions [J]. Organization Studies, 2005, 26 (10): 1455 -1476.

[256] Watson J. B. Psychology as the behaviorist views it. [J]. Psychological Review, 1913, 101 (2): 248 -253.

[257] Westphal J. D., Gulati R., Shortell S. M. Customization or conformity? An institutional and network perspective on the content and consequences of TQM adoption [J]. Administrative Science Quarterly, 1997, 42 (2): 366 -394.

[258] White H. C. Where do markets come from? [J]. American Journal of Sociology, 1981, 87 (3): 517 -547.

[259] Wijk R. V., Jansen J. J. P., Lyles M. A. Inter – and intra – organizational knowledge transfer: A meta – analytic review and assessment of its antecedents and consequences [J]. Journal of Management Studies, 2008, 45 (4): 830 -853.

[260] Williams C. Transfer in context: Replication and adaptation in knowledge transfer relationships [J]. Strategic Management Journal, 2007, 28 (9): 867 -889.

[261] Wright P., Kroll M., Lado A., et al. The structure of ownership and corporate acquisition strategies [J]. Strategic Management Journal, 2002, 23 (1): 41 -53.

[262] Xia J., Boal K., Delios A. When experience meets national institutional environmental change: Foreign entry attempts of U. S. Firms in the Central and Eastern European Region [J]. Strategic Management Journal, 2009, 30 (12): 1286 -1309.

[263] Yang H., Ru J., Ren T. Ownership and M&A performance in a transitional economy: The case of the Chinese real estate industry [J]. Management and Organization Review, 2015, 11 (04): 715 -737.

[264] Yang L., Zhang J. Political connections, government intervention and acquirer performance in cross – border mergers and acquisitions: An empirical analysis based on Chinese acquirers [J]. The World Economy, 2015, 38 (10): 1505 -1525.

[265] Yang M., Hyland M. A. Similarity in cross – border mergers and acquisitions: Imitation, uncertainty and experience among Chinese firms, 1985 -2006 [J]. Journal of International Management, 2012, 18 (4): 352 -365.

[266] Yelle L. E. The learning curve: Historical review and comprehensive sur-

vey [J]. Decision sciences, 1979, 10 (2): 302-328.

[267] Yelon S. L., Ford J. K. Pursuing a multi-dimensional model of transfer [J]. Performance Improvement Quarterly, 1999 (12): 58-78.

[268] Zahra S. A., George G. Absorptive capacity: A review, reconceptualization, and extension [J]. Academy of Management Review, 2002, 27 (2): 185-203.

[269] Zahra S. A., Hitt M. A. International expansion by new venture firms: International diversity, mode of market entry, technological learning, and performance [J]. Academy of Management Journal, 2000, 43 (5): 925-950.

[270] Zhang J., Zhou C., Ebbers H. Completion of Chinese overseas acquisitions: Institutional perspectives and evidence [J]. International Business Review, 2011, 20 (2): 226-238.

[271] Zhang J, He X. Economic nationalism and foreign acquisition completion: The case of China [J]. International Business Review, 2014, 23 (1): 212-227.

[272] Zollo M., Reuer J. J. Experience spillovers across corporate development activities [J]. Organization Science, 2001, 21 (6): 1195-1212.

[273] Zollo M., Reuer J. J. Experience spillovers across corporate development activities (Working Paper) [J]. Fontainebleau, France: INSEAD, 2006: 1-60.

[274] Zollo M., Singh H. Deliberate learning in corporate acquisitions: Post-acquisition strategies and integration capability in US bank mergers [J]. Strategic Management Journal, 2004, 25 (13): 1233-1256.

[275] Zollo, M., Leshchinkskii, D. Can firms learn to acquire? Do markets notice? [Z]. Center for Financial Institutions. Working Papers, 2000.